Die Sprachstarken 7

Deutsch für die Sekundarstufe I

Rechtschreib- und Grammatiktraining

Herausgeberinnen
Claudia Schmellentin, Afra Sturm

Autorinnen
Mirjam Weder, Kathrin Würth

Klett und Balmer Verlag

Die Sprachstarken 7 Deutsch für die Sekundarstufe I
Rechtschreib- und Grammatiktraining

Autorinnen: Mirjam Weder, Kathrin Würth
Herausgeberinnen: Claudia Schmellentin, Afra Sturm
Projektleitung: Sabina Schleuniger
Redaktion: Nicole Habermacher, punkto, Luzern
Gestaltung, Satz und Herstellung: know idea GmbH, Freiburg i. Br.
Litho: Reproline GmbH, Lahr
Umschlagillustration: Martin Haussmann, Köln
Bild: Seite 41, Miraculix, www.asterix.com, © 2013 LES EDITIONS ALBERT
RENE / GOSCINNY-UDERZO
Korrektorat: Stefan Zach, z.a.ch GmbH, Bern
Redaktionsassistenz: Silvia Isenschmid

1. Auflage 2013
4., unveränderter Nachdruck 2015
Alle Drucke dieser Auflage können im Unterricht nebeneinander verwendet werden.
© Klett und Balmer AG, Baar 2013

Alle Rechte vorbehalten.
Nachdruck, Vervielfältigung jeder Art oder Verbreitung – auch auszugsweise – nur mit
schriftlicher Genehmigung des Verlags.

ISBN 978-3-264-83827-5

www.diesprachstarken.ch; www.klett.ch
info@klett.ch

Inhalt

Rechtschreibung	4	ie-Schreibung
	5	Doppelkonsonanten-Regel
	14	Wortstammregel
	20	Grossschreibung der Nomen
	27	Satzzeichen bei direkter Rede
	29	Kommas setzen
	37	Strategien zur Korrektur von Texten
Grammatik	40	Stamm-Morpheme zusammensetzen
	44	Wortarten
	52	Die Konjugationsformen des Verbs
	56	Aktiv und Passiv
	57	Singular und Plural (Einzahl und Mehrzahl)
	58	Fälle bestimmen mit der Ersatzprobe
	59	Satzgrammatik
	59	Verbenfächer
	64	Verschiebeprobe
Deutsch als Zweitsprache	67	Nomen
	72	Verb
	72	Personalformen bilden (konjugieren)
	75	Konjugationsformen einsetzen
	77	Mit Signalwörtern Fälle richtig setzen

Rechtschreibung
ie-Schreibung

Für den lang gesprochenen i-Laut schreibt man ‹ie›: spielen, der Sieg, viel

Wenn du nicht sicher bist, ob ein bestimmtes Wort mit langem oder kurzem
i-Laut gesprochen wird, fragst du am besten eine Kollegin oder einen Kollegen.
Zur ie-Regel gibt es einige wichtige Ausnahmen:
Schlag im Zweifelsfall im Sprachbuch Seite 121 oder im Wörterbuch nach.

Übung 1 [G]

1 Setze ‹ie› oder ‹i› in die Lücke.

1. Ich l__be Gew__tter, weil es so schön bl__tzt und donnert.
2. Die Spr__nterin ist als S__gerin ins Z__l gelaufen.
3. Unsere Velomechanikerin ist eine T__rnärrin: Bei ihr w__mmelt es von Krokod__len, F__schen, Sp__nnen und __nsekten.
4. V__le fanden d__ses Experiment langweil__g, aber m__r gef__l es.
5. In d__sem F__lm geht es um das Rev__r der B__ber und __gel.
6. Warum zaubert man eigentl__ch __mmer Kan__nchen aus der K__ste?
7. Wenn ich Klav__r sp__le, dann schaut m__r mein Plüscht__ger zu.
8. Endl__ch ist der W__nter vorbei, und bald können w__r w__der camp__ren statt fr__ren!

2 Schreib die Ausnahmen zur ie-Regel aus Auftrag 1 hier auf:

_____

_____

3 Setze ‹ie› oder ‹i› in die Lücke.

1. Ein Kilo w__lde K__rschen fr__sch vom Markt s__nd für ihn das Parad__s auf Erden!
2. Ich kann d__ses st__nkende Öl der Pommes fr__tes n__cht mehr r__chen!
3. Der Erf__nder sch__lt zu seiner Masch__ne und erklärt uns, w__ s__ mit Benz__n angetr__ben w__rd.
4. Ein grosses W__ner Schn__tzel ist für den Gr__ppepatienten die beste Mediz__n.
5. Gestern fingen die portug__sischen Techniker mit dem Bau der Turb__ne an.
6. Was g__bt es Schöneres, als am Kam__n zu s__tzen und Mus__k zu hören?
7. Das K__nd stud__rt m__t interess__rter M__ne die Dinosaurier.

4 Schreib die Ausnahmen zur ie-Regel aus Auftrag 3 hier auf:

_____

_____

Rechtschreib- und Grammatiktraining RECHTSCHREIBUNG

Doppelkonsonanten-Regel

Übung 1: Textverständnis

Damit du die Doppelkonsonanten-Regel richtig anwenden kannst, ist es wichtig, dass du die Regel verstehst. Mit dieser Übung kannst du überprüfen, ob du die Doppelkonsonanten-Regel verstehst.
Kreuze an, ob die folgenden Behauptungen richtig oder falsch sind.
Benutze dazu auch das Sprachbuch Seite 92 bis 93.

	richtig	falsch
1. Im Deutschen gibt es kurze und lange Vokale.	☐	☐
2. Doppelkonsonanten zeigen an, dass der vorangehende Vokal kurz ausgesprochen wird.	☐	☐
3. Auf der Dreierbank nehmen nur Vokale und Konsonanten des Wortstamms Platz.	☐	☐
4. Lange Vokale belegen zwei Plätze, daher hat nur noch ein Konsonant auf der Dreierbank Platz.	☐	☐
5. In **faul** wird der Konsonantenbuchstabe ‹l› nicht verdoppelt, weil es eine Ausnahme ist.	☐	☐
6. In **faul** wird der Konsonantenbuchstabe ‹l› nicht verdoppelt, weil der Doppelvokal zwei Plätze belegt.	☐	☐
7. In **Zelt** wird der Konsonantenbuchstabe ‹l› nicht verdoppelt, weil der Vokal lang ist.	☐	☐
8. In **Zelt** wird der Konsonantenbuchstabe ‹l› nicht verdoppelt, weil das ‹l› und das ‹t› je einen Platz besetzen. Alle drei Plätze sind somit belegt.	☐	☐
9. In **Zelt** wird der Konsonantenbuchstabe ‹l› nicht verdoppelt, weil dem kurzen Vokal ‹e› zwei verschiedene Konsonanten folgen.	☐	☐
10. Ein Wort endet nie mit ‹ck› oder ‹tz›.	☐	☐
11. Hört man nach einem kurzen Vokal zwei verschiedene Konsonanten im Wortstamm, wird kein Konsonant verdoppelt.	☐	☐
12. In **Schiff** ist der Vokal kurz, daher schreibt man es mit zwei ‹f›.	☐	☐
13. **Schiff** schreibt man mit zwei ‹f›, weil sonst ein Platz auf der Dreierbank frei wäre.	☐	☐
14. In **Schiff** wird der Konsonantenbuchstabe ‹f› verdoppelt, weil man nach dem kurzen Vokal nur einen Konsonanten hört.	☐	☐
15. Die Schreibweise von **bellt** mit zwei ‹l› ist eine Ausnahme: Dem kurzen Vokal folgen zwei verschiedene Konsonanten.	☐	☐
16. Die Schreibweise von **bellt** ist keine Ausnahme. Der Stamm von **bellt** ist **bell**.	☐	☐

Übung 2: Langer oder kurzer Vokal? [G]

Du kannst den Unterschied zwischen den Wörtern mit zwei gleichen Konsonanten und jenen mit nur einem Konsonanten hören.
Hör dir auf der Audio-CD Track 28 die Wörter an. Wenn das Wort einen kurzen betonten Vokal hat, machst du unter den Vokal einen Punkt.
Bei diesen Wörtern musst du den Konsonanten verdoppeln und in die Lücke schreiben.

zähl__en	Ha__ken	Schlaf__	Bis__e	Gas__e
Zel__en	ha__ken	schlaf__	Bis__e	Gas__e
mus__	of__en	Saat__en	vermis__en	fühl__en
Mus__	Of__en	sat__en	vermies__en	fül__en
Wies__en	Kehl__e	ras__en	verzehr__en	
wis__en	Kel__e	Ras__en	verzer__en	
bet__en	Schif__e	spu__ken	Bahn__	
bet__en	schief__e	spu__ken	Ban__	
kam__	Blas__e	lahm__	Al__	
Kam__	blas__e	Lam__	Aal__	

Übung 3: Langer oder kurzer Vokal? [G]

Bei den folgenden Wörtern handelt es sich um erfundene Kunstwörter.

o Partnerarbeit: Nehmt je eine der Kunstwortlisten und übt diese lesen. Beachtet: Wenn dem Vokal nur ein Konsonant folgt, müsst ihr den Vokal lang sprechen. **Dusi** ist also mit langem ‹u› zu sprechen, wie ‹duusi›. Wenn dem Vokal zwei Konsonanten folgen, ist der Vokal kurz und zackig zu sprechen, **dossi** also mit kurzem, zackigen ‹o›.

o Diktiert eure Liste danach eurer Kollegin oder eurem Kollegen.

o Macht beim Schreiben die Hörprobe. Ist der Vokal kurz, dann müssen zwei Konsonanten folgen; ist der Vokal lang, darf nur ein Konsonant folgen. Die Hörprobe zeigt an, ob das Wort mit einem oder mit zwei Konsonanten geschrieben wird.

Kunstwortliste 1	Kunstwortliste 2
rufel	niffel
lepper	leper
naffel	mafel
bule	kulle
mötte	sute
gozen	gutzen
zirra	nura
rünn	tül
dasi	passi
dossi	dusi
sogi	nocki

Übung 4 [G]

Entscheide, welches die richtige Schreibweise ist. Geh so vor:
o Setze unter einen kurzen Vokal einen Punkt.
o Kontrolliere, ob nach einem kurzen Vokal (mit Punkt) mehrere Konsonanten vorhanden sind.
o Streiche die falsche Schreibweise durch.

Beispiel: Die Nase / ~~Nasse~~ des Hundes war ~~nas~~ / nass.
Lösung: Nase → langes a; nass → kurzes a

1. Vor lauter/lautter Begeisterung beginen/beginnen die Fans zu tromeln/trommeln und pfeifen/pfeiffen.

2. Die Clownin samelt/sammelt in ihrer Freizeit Maikäfer/Maikäffer und Raupen/Rauppen.

3. Ale/Alle in der Klase/Klasse hofen/hoffen, dass der Hof/Hoff nicht abgerisen/abgerissen wird.

4. Viele/Vielle Jugendliche träumen/träummen davon, Pilot/Pilott zu werden.

5. Diese Streke/Strecke kennt der Marathonläufer/Marathonläuffer bereits seit/seitt vielen Jahren.

6. Die Gorilas/Gorillas hüten/hütten sich vor den Zoobesuchern und bleiben lieber in der Hüte/Hütte.

7. Wir sind viel zu schnel/schnell gefahren und nun ist unser Schliten/Schlitten kaput/kaputt und mein Knie blutet/bluttet.

8. Bei diesem Signal/Signall können wir alles liegen lasen/lassen.

9. Der Tenisprofi/Tennisprofi mus/muss noch ein Spiel/Spiell gewinen/gewinnen, dann steht er in der driten/dritten Runde.

10. Die Lastwagenfahrerin kan/kann sich kaum/kaumm an den Unfal/Unfall erinern/erinnern.

Rechtschreib- und Grammatiktraining

RECHTSCHREIBUNG

Übung 5: Ein oder zwei Konsonanten?

Hört man nach dem Vokal zwei verschiedene Konsonanten im Wortstamm, wird nicht verdoppelt.

Beispiel: Heft oder Hefft?
Begründung: Es hat schon zwei verschiedene Konsonanten, nämlich ‹f› und ‹t›, daher wird ‹f› nicht verdoppelt. → Heft

| H | e | f | t |

- Fülle die drei Plätze mit den vorgegebenen Wörtern aus. Sie haben alle einen kurzen Vokal.
- Schreib den Vokal in die gelbe Spalte.
- Schreib die Konsonanten auf die freien Plätze der Bank.
- Übermale die Konsonanten, die dem Vokal folgen, blau (erster Konsonant) oder hellblau (zweiter Konsonant).
- Entscheide, welches die richtige Schreibweise ist, und begründe deine Entscheidung.

Wort	Anfang	Vokal	K1	K2	Ende	Begründung
~~Trepe~~ / Treppe	Tr	e	p	p	e	kurzer Vokal = 1 Platz → p zu pp
schenken / ~~schennken~~	sch	e	n	k	en	dem Vokal folgen 2 Konsonanten (nk) → 1 n
Brunen / Brunnen						
Lift / Lifft						
Ast / Asst						
stärker / stärcker						
schwimen / schwimmen						
poltern / polltern						
Lärm / Lärrm						
Brile / Brille						
schwazen / schwatzen						
Sturz / Sturtz						
dan / dann						

Übung 6: Dreierbänke

Fülle die drei Plätze mit den vorgegebenen Wörtern aus:
- Schreib das Wort in die Tabelle. Der Vokal nimmt dabei den ersten Platz auf der Dreierbank ein.
- Lange Vokale wie in «spülen» nehmen 2 Plätze ein, kurze wie in «Treppe» einen.
- Übermale den Vokal / Doppelvokal gelb.
- Übermale die Konsonanten, die dem Vokal folgen, blau (erster Konsonant) oder hellblau (zweiter Konsonant).
- Streiche die falsche Schreibweise durch und begründe deine Entscheidung.

Wort	Anfang	Vokal	Kons. 1	Kons. 2	Endung	Begründung
~~Trepe~~ / Treppe	Tr	e	p	p	e	kurzer Vokal = 1 Platz → p zu pp
Maus / ~~Mauss~~	M	au		s		Doppelvokal = 2 Plätze → 1 s
schenken / ~~schennken~~	sch	e	n	k	en	dem Vokal folgen 2 Konsonanten (nk) → 1 n
spülen / ~~spüllen~~	sp	ü		l	en	langer Vokal = 2 Plätze → 1 l
muren / murren						
treten / tretten						
Schreken / Schrecken						
Winter / Winnter						
Wurf / Wurff						
greifen / greiffen						
Grif / Griff						
Schild / Schilld						
trefen / treffen						
Gestalt / Gestallt						

Übung 7

Entscheide, welches die richtige Schreibweise ist.
Geh dabei folgendermassen vor:
o   Setz unter einen kurzen Vokal einen Punkt.
o   Kontrolliere, ob nach einem kurzen Vokal (mit Punkt) mehrere
    Konsonanten vorhanden sind.
o   Streiche die falsche Schreibweise durch.

1. Nur Eisbären fühlen sich am kalten/kallten Nordpol/Nordpoll auch im Winter/Winnter wohl.

2. Die Freunde haben sich heftig/hefftig gestriten/gestritten.

3. Jeden Morgen weken/wecken mich die lauten/lautten Spazen/Spatzen.

4. Den Mantel/Manntel lase/lasse ich bis im Herbst im Schrank/Schranck.

5. Wir drüken/drücken unsere nasen/nassen Nasen/Nassen an der Scheibe plat/platt.

6. Sie trafen/traffen sich miten/mitten auf dem Zebrastreifen/Zebrastreiffen.

7. Wir rasen/rassen in unseren Seifenkisten/Seiffenkisten und machen ziemlich/ziemmlich

   viel Lärm/Lärrm.

8. Die Ferkel/Ferckel wälzen/wältzen sich im Schlam/Schlamm.

9. Seid ihr wirklich/wircklich schon ganz/gantz fertig/ferttig?

Übung 8: Doppelkonsonanten-Regel und Wortstamm

> Die Doppelkonsonanten-Regel betrifft nur den Wortstamm:
> **renn-**   **renn**en, sie **renn**t, **Renn**bahn
> **hoff-**   **hoff**en, er **hoff**t, **Hoff**nung

Auf der Dreierbank nehmen nur Vokale und Konsonanten des Wortstamms Platz:

hoffen	h	o	f	f	en
(du) hoffst	h	o	f	f	st
(wir) hofften	h	o	f	f	ten
Hoffnung	H	o	f	f	nung

Entscheide, welches die richtige Schreibweise ist.
Geh dabei wie folgt vor:
o Unterstreiche den Wortstamm.
o Male unter einen kurzen Vokal einen Punkt.
o Fülle die drei Plätze mit den vorgegebenen Wörtern aus und streiche dann die falsche Schreibweise durch.
o Begründe deine Entscheidung.

heiraten / ~~heiratten~~	heir	a		t		en	langer Vokal a = 2 Plätze → 1 t
~~sprizte~~ / spritzte	spr	i	t	z	te	kurzer Vokal i = 1 Platz → z zu tz
drükte / drückte						
Raps / Rapps						
komt / kommt						
Schüsel / Schüssel						
Frust / Frusst						
schämen / schämmen						
(du) läufst / läuffst						
(wir) spüren / spürren						
gespert / gesperrt						
(am) volsten / vollsten						

Übung 9

Entscheide, welches die richtige Schreibweise ist. Geh so vor:
- Unterstreiche den Wortstamm.
- Setz unter einen kurzen Vokal einen Punkt.
- Kontrolliere, ob nach einem kurzen Vokal (mit Punkt) im Wortstamm mehrere Konsonanten vorhanden sind.
- Streiche die falsche Schreibweise durch.

Beispiel: Ihre ~~Kape~~ / Kappe ~~gefält~~ / gefällt ihr, weil sie rote Streifen / ~~Streiffen~~ hat und warm / ~~warrm~~ gibt.

1. Der Gipser/Gippser kipt/kippt das restliche/resstliche Waser/Wasser weg.
2. Die Tante/Tannte hupte/huppte und pfif/pfiff, bis ihr der Atem/Attem ausging.
3. Schweizer/Schweitzer fahren in die Alpen/Alppen, um bei Hize/Hitze nicht zu schwizen/schwitzen.
4. Wir tanzten/tantzten und schwazten/schwatzten wild/willd durcheinander.
5. Er schält/schällt die Kartofeln/Kartoffeln, während wir die Servietten falten/fallten.
6. Dan/Dann lief/lieff der linke/lincke Stürmer/Stürrmer los.
7. Die Polizisten prüfen/prüffen den Schuft/Schufft mit dem roten/rotten Stift/Stifft.
8. Lauf/Lauff noch ein Stük/Stück nach hinten/hintten.

Übung 10

Geh gleich vor wie in Übung 9.

1. Die Kaulquapen/Kaulquappen tumeln/tummeln sich im seichten Gewäser/Gewässer.
2. Die einen striken/stricken mit Wole/Wolle, die andern/anndern mit Garn/Garrn.
3. Die Welpen/Wellpen belten/bellten im Schupen/Schuppen.
4. Diese Pakungen/Packungen enthalten/enthallten die schärfsten/schärffsten Gewürze/Gewürtze.
5. Die Kinder haben heimlich/heimmlich den ganzen/gannzen Sak/Sack Nüse/Nüsse gegessen.
6. Es ist herlich/herrlich, wie die dänische/dännische Manschaft/Mannschaft spielt!
7. Sie rolte/rollte den Kofer/Koffer mit Gepolter/Gepollter über das Pflaster/Pflasster.
8. Wir lernen/lerrnen lieber drinen/drinnen als/alls an der frischen Luft/Lufft.
9. Sie traf/traff das Tor/Torr aus spizem/spitzem Winkel/Winckel – wir beganen/begannen zu pfeifen/pfeiffen.

Übung 11: Gemischte Übung für Fortgeschrittene, mit Ausnahmen [E]

> Die Doppelkonsonanten-Regel kennt wenige Ausnahmen. Die wichtigsten sind:
>
> o Die **Nachmorpheme** **-in** und **-nis** werden im Plural verdoppelt, im Singular nicht:
>   die Malerin – die Malerinnen   das Geheimnis – die Geheimnisse
>   die Sängerin – die Sängerinnen   die Kenntnis – die Kenntnisse
>   die Fahrerin – die Fahrerinnen
>
> o In wenigen **Einzelfällen** wird nach kurzem Vokal **nicht verdoppelt**:
>
>   Notiz, fit (aber: fitter), Bus (aber: Busse), Hit, Chef, Flop, Job, Pop
>   ich bin, er hat (aber: er hatte)
>   mit, drin (aber: drinnen), man, um, ab, an, dran, bis
>   das (= Artikel, Pronomen), des (aber: dessen), was

Geh gleich vor wie in Übung 9.
Schreib die Ausnahmen auf die leeren Zeilen unten.

1. Der Auftrit/Auftritt der Grupe/Gruppe beim Open Air war ein völiger/völliger Flop/Flopp.

2. Marilena hat am Sporttag/Sporrttag gewaltig/gewalltig abgeräumt: Sie ist auch extrem fit/fitt.

3. Mein Chef/Cheff fährt täglich mit/mitt dem Zug zur Arbeit.

4. Ich kan/kann dich nicht mitnehmen/mittnehmen, aber es gibt eine Busverbindung/Bussverbindung.

5. Das ist kein Popstar/Poppstar, sondern/sonndern eher ein Popsternchen/Poppsternchen.

6. Frank mag die Hitparade/Hittparade, seine Bürokollegin/Bürokolleginn liebt klasische/klassische Musik/Musick.

7. Ich bin/binn mal gespant/gespannt, welches Geheimnis/Geheimniss der Held/Helld heute entschlüselt/entschlüsselt.

8. An Geschenken/Geschencken ist schön, dass man/mann nicht weiss, was/wass drin/drinn ist.

9. Eine Agentin/Agentinn hat/hatt keine Angst vor der Finsternis/Finsterniss!

10. Wir haben uns noch einige Notizen/Notitzen gemacht – ich hänge sie noch dran/drann.

11. Sobald/Soballd wir drinen/drinnen waren, löschte jemand/jemannd das Licht.

Wortstammregel

Wenn man die Schreibung des Wortstamms kennt, kann man davon die Schreibung weiterer Wörter der gleichen Wortfamilie ableiten.

> Ein Wortstamm (Stamm-Morphem) wird in jedem Wort, in dem er vorkommt, gleich geschrieben. Wörter mit dem gleichen Wortstamm bilden eine Wortfamilie.
> Lohn, lohnen, Belohnung
> Haus, Häuser, häuslich

Übung 1: ‹ä› oder ‹e›, ‹äu› oder ‹eu›? [G]

> Ein Wort mit ä-Laut schreibt man mit ‹e›, ausser es gibt ein verwandtes Wort mit ‹a› im Wortstamm; dann schreibt man es mit ‹ä›.
>
> | Kamm | → kämmen | | Feld | → Felder |
> |------|----------|------|------|----------|
> | Rad | → Räder | ABER: | fett | → einfetten |
> | Lauf | → Läufer | | Beule | → ausbeulen |

- Unterstreiche in den folgenden Wörtern die Wortstämme.
- Korrigiere, wenn nötig, die Schreibweise.
- Schreib die richtige Lösung auf die Zeile.
- Begründe die korrekten Schreibweisen.

1. teglich   täg → mit ‹ä› wegen Tag
2. der Schmärz
3. die Verscherfung
4. ansträngend
5. die Seuche
6. geschwetzig
7. geräumig
8. geferbt
9. (er) leuft
10. die Bewesserung

Übung 2: ‹ä› oder ‹e›? [G]
Geh gleich vor wie in Übung 1.

1. Die h__rzigen W__lpen haben schon scharfe Z__hne und sind ziemlich gef__hrlich.
2. Die g__lben K__hne schl__ngeln sich durch sumpfige Gew__sser.
3. Die __rztin hat mir ein Rez__pt und ein kleines Fl__schchen gegeben.
4. Für deine l__cherliche Erkl__rung habe ich kein Verständnis!
5. Das l__ckere __ssen wird sch__rfer, wenn du die Chilis mit den K__rnen br__tst.
6. Der n__tte B__cker zw__ngt sich ständig in H__mden mit zu __ngen __rmeln.
7. Sind Schm__tterlinge sch__dlich, so dass man sie bek__mpfen muss?
8. Es war ein m__rkwürdiges F__st: Zuerst schw__rmten alle vom pr__chtigen Koch, doch dann mussten sie an langen B__nken mit den H__nden __ssen.
9. Die __ngstlichen Sch__fer sch__tzen die W__llen und die K__lte im B__rgsee überhaupt nicht.

Übung 3: ‹äu› oder ‹eu›? [G]
Geh gleich vor wie in Übung 1.

1. B__teltiere, K__ze und __len tr__men in den B__men.
2. Die wiederk__ende Kuh erz__gt ein sch__ssliches Ger__sch.
3. N__nzig bed__tende L__te ärgern sich über das Glockengel__te.
4. Der sch__e R__ber ber__t den abent__erlichen Überfall im m__schenstillen Saal.
5. Der L__fer sch__mte vor Wut, als er den Mann hinter dem St__er sah.
6. Meine Fr__ndin ist sehr gl__big und bekr__zigt sich h__fig.
7. Den absch__lichen Geruch von F__lnis kann man mit Zitronens__re n__tralisieren.
8. Der S__gling h__lte, aber sobald man sich über ihn b__gte, begannen seine __glein zu l__chten.
9. Die abergl__bische B__erin r__mt schl__nigst das H__ in die Sch__ne.

Rechtschreib- und Grammatiktraining

RECHTSCHREIBUNG

Übung 4: Wortfamiliennetz

1. Führe das Wortfamiliennetz zum Wortstamm **hör** weiter:
   hörbar – zuhören – aufhören – hörst ...

2. Erstell ein eigenes Wortfamiliennetz auf einem separaten Blatt mit den folgenden Wortstämmen.
   Gib dein Wortfamiliennetz einem Kollegen oder einer Kollegin, damit er oder sie dein Netz ergänzen kann.

   lohn – back – prüf – schwatz – scharf – ruf – stürz

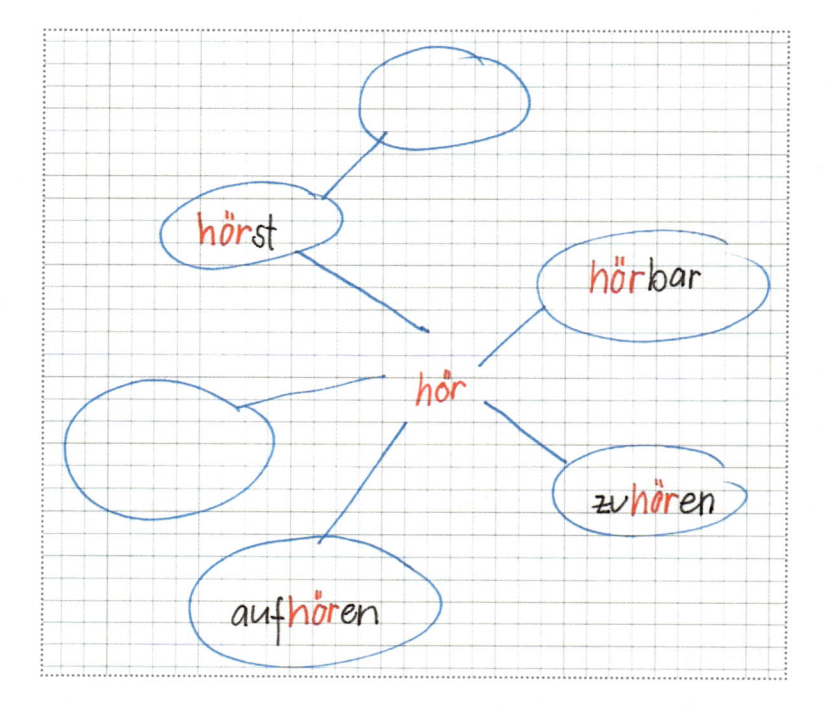

Übung 5

- Unterstreiche in den folgenden Wörtern die Wortstämme.
- Korrigiere, wenn nötig, die Schreibweise.
- Schreib die richtige Lösung auf die Zeile.
- Begründe die korrekten Schreibweisen.

1. der Geschirrspühler   **Spüler** → Wortstamm spül ohne h, auch die Spülung ohne h
2. farbenprechtig
3. das Gefühl
4. die Fläcken
5. freihändig
6. die Belonung
7. aufspüren
8. das Gelechter
9. entlich
10. befäuchten
11. mechtig

Übung 6
Geh gleich vor wie in Übung 5.

1. das Gesp~~üh~~r   Gespür → Wortstamm spür ohne h, auch die Spur ohne h
2. der Heuptling
3. verächtlich
4. er merckte
5. die Werbung
6. die Verkäuferin
7. einfülsam
8. der Zeuge
9. das Gehöhr

Übung 7: Finde die Fehler!
In jedem der folgenden Sätze sind ein bis zwei Fehler versteckt, diese beziehen sich auf die Wortstammregel.
Geh wie folgt vor:
o Unterstreiche, was sich mit der Wortstammregel überprüfen lässt.
o Überprüfe die unterstrichenen Wörter mit der Wortstammregel.
o Korrigiere die falsch geschriebenen Wörter.

Beispiel: Der T<u>e</u>ter trug eine bl<u>eu</u>liche Wollmütze.   (ä, äu)

1. Der Schlagzäuger trägt ein gälbes Hemd.
2. Die Hunde bällten, als die Bälle über den Platz rollten.
3. Diesen Zweifränkler habe ich persöndlich gespändet.
4. Diese Räucherstebchen brennen teglich.
5. Der Trainer ist sehr ernst und geht mit grosser Herte vor.
6. Der Langleufer hat im letzten Jahr Vortschritte gemacht.
7. Der Tiger hat nur das Fell seiner Bäute übrig gelassen.
8. Die Vogelscheuche sieht eigentlich ganz träuherzig aus.
9. Der bärtige Kempfer schwingt seine Keule.

Übung 8: Finde die Fehler! [E]
Geh gleich vor wie in Übung 7.

1. Die jungen Enten sind entlich geschlüpft.
2. Das Land gibt viel Geld für die Vorschung aus.
3. Die Feuerwehrläute sind übervordert.
4. Der Diener verabschiedete sich mit einer follendeten Verbäugung.
5. In diesem Gebäude enteckt man kein Stäubchen!
6. Nach dem ansträngenden Wetkampf war er fix und fertig.
7. Die Fläcken liessen sich nur mit Schäuerpulver entfernen.
8. Welche Forteile hat die fettarme Ernehrung?
9. Der Geldfelscher schaute zertlich auf seine Banknoten.

Übung 9: Finde die Fehler! Achtung, knifflige Fälle! [E]
Geh gleich vor wie in Übung 7.

1. Bei der Botsfahrt hat sich unser Schäferhund das Forderbein gebrochen.
2. Es ist Follmond, darum fahren die Autolenker so verückt.
3. Dieses Lied gefellt mir überhaubt nicht, aber es ist ein elender Ohrwurm.
4. Der Postbeammte schämt sich, weil er Angst vor Schäfferhunden hat.
5. Der Breutigam ferteilte Nüsse und Kirschen.
6. Zwischen den hohen Schränken erblikte ich eine dunkle Gestallt.
7. Mein Vater schläft stendig vor dem Fernseher ein – erstaundlich, nicht?
8. Es ist lestig, dass du immer eine Fiertelstunde später kommst!
9. Die Tigerin fertilgte ihre Beute direckt vor unserem Wohnmobil.

Übung 10: Finde die Fehler! Achtung, noch kniffligere Fälle! [E]
Geh gleich vor wie in Übung 7.

1. Die Haut der Echse ist empfindlich und wir müssen sehr forsichtig sein.

2. An dieses Gericht gehöhrt nicht nur Zucker, sonndern auch Zimt.

3. Es erzeugt ein schreckliches Gereusch, wenn man mit den Fingernegeln über die Wandtafel fährt.

4. Dieser Mann sieht dem berühmten Schauspieler zwar ähndlich, aber er ist es nicht.

5. Die Schauspielerin packt ihr gesammtes Schminkzeug in einen riesigen Behelter.

6. Wer will schon die Gesenge der Schwäne mit Bässen versterken?

7. Bei diesem Ferkehr solltest du nicht freihendig fahren!

8. Meine Schwester schwermt für schnelle Autos, aber mein Vater findet sie gefährlich und unzuferlässig.

9. Bei manchen Vogelarten brütet nur das männdliche Tier.

Übung 11: Finde die Fehler! Achtung, noch kniffligere Fälle! [E]
Geh gleich vor wie in Übung 7.
Achtung: In dieser Übung sind auch Lernwörter versteckt. Schlag im Zweifelsfall im Sprachbuch Seite 121 bis 123 oder im Wörterbuch nach.

1. Würden Sie bitte diese laute Maschiene ausschallten?

2. In diesem Gebäude wird sogar an Silvester gevorscht.

3. Dank seinem guten Gedechtnis hat der Häftling die Zahlenkombination vollstendig auswendig gelernt.

4. Es nimmt mich wunder, was du von diesem berümten Anwalt hälst.

5. Die Tierärzte treffen sich in der Gartenwirtschafft.

6. Wann ist diese totlangweilige Veranstaltung entlich zu Ende? Ich langweile mich hier zu Tode.

7. Der Fotograf war mit den übermütigen Kindern in der vordersten Reihe völlig übervordert.

8. Die grölenden Leute waren kein bischen sympathisch und gingen mir ziemlich auf die Nerfen.

9. Diesen Preis haben wir verdient – wir haben nähmlich sehr sorgfälltig gearbeitet.

Grossschreibung der Nomen

Tipp
Die Signalwörter kannst du im Sprachbuch auf Seite 123 nachschlagen.

Übung 1

Schreib alle Nomen gross. Geh dabei so vor:
- Unterstreiche die Signalwörter.
- Verbinde das Signalwort und das Nomen mit einem Pfeil.
- Schreib das Nomen gross.

Beispiel: Er hat sich beim wandern den linken knöchel verletzt.

Schritt a): Er hat sich <u>beim</u> wandern <u>den</u> linken knöchel verletzt.

Schritt b): Er hat sich <u>beim</u> wandern <u>den</u> linken knöchel verletzt.

Schritt c): Er hat sich <u>beim</u> **W**andern <u>den</u> linken **K**nöchel verletzt.

1. Plötzlich zog ein gewitter auf und die gäste verliessen das schwimmbad blitzartig.

2. Die schwarze katze hat es sich auf dem roten porsche in der garage gemütlich gemacht.

3. Gebannt folgen die zuschauer dem spektakulären ballwechsel der tennisspieler.

4. Die grosseltern sahen mit schrecken die enkelkinder aufs dach klettern.

5. Das kleine mädchen linste vorsichtig durch die hecke im park.

6. Im schatten des baums lagen eine braune kuh, eine gefleckte ziege und ein schaf.

7. Die schüler waren beim rechnen so konzentriert, dass sie die pausenglocke überhörten.

Übung 2
Geh gleich vor wie in Übung 1.

1. Nach mehreren wochen wurde der verunfallte mann endlich aus dem spital entlassen.

2. Mit grossem getöse verabschieden sich die tanten von der familie.

3. In diesem zeitungsartikel steht, dass die firma sich nicht an die geltenden vorschriften hält.

4. Beim rollschuhfahren ist sie schon oft hingefallen und hat sich die knie aufgeschürft.

5. Mit grosser spannung erwarteten sie den final des dritten fussballturniers in dieser saison.

6. Am mittelmeer machen die touristen wegen der glühenden hitze gerne ein mittagsschläfchen.

7. Am morgen fiel der jungen frau auf, dass ihr langjähriger kollege ein seltsames gesicht machte.

Übung 3
Geh gleich vor wie in Übung 1.

1. Mit grossem einsatz und ein wenig glück gelang der mannschaft der einzug in den final.
2. Beim jäten im garten fand er zu seinem schrecken eine riesige kobra.
3. In dieser angelegenheit müssen Sie beim amt für wirtschaft einen antrag stellen.
4. Normalerweise kommt die kehrichtabfuhr am montag, aber heute ist eine ausnahme.
5. Sie kam ins stolpern, als sie bei dunkelheit die treppe hinuntergehen wollte.
6. Gianni berichtete seiner familie über seinen grossen erfolg bei der lehrstellensuche.
7. Die frohe botschaft erreichte die meisten leute erst mit grosser verspätung.
8. Heute konnte man in der zeitung lesen, dass die leute unter der kälte leiden.
9. Wegen seiner ungeschickten bemerkung ist das geheimnis an die öffentlichkeit gelangt.

Übung 4 [E]
Geh gleich vor wie in Übung 1.

1. Zum guten glück halfen die nachbarn beim löschen des brennenden hauses.
2. Auf dem pausenplatz liegen noch immer die scherben und essensreste vom schulfest.
3. Die erntehelfer wurden beim pflücken von kirschen von einem regenschauer überrascht.
4. Der einbrecher wurde noch vor ort von einem polizeibeamten gefasst.
5. Er machte viele gesangsübungen und konnte das lied immer besser singen.
6. Beim schwimmen fühlt man sich durch den auftrieb im wasser schwerelos.
7. Nach zwei anläufen konnte sie das modellflugzeug für eine minute in der schwebe halten.
8. Gegen dummheit kommen die besten argumente nicht an.
9. Im grunde hat er nur versucht, aus der verfahrenen situation herauszukommen.
10. Das singen des rentners ging den leuten im quartier gewaltig auf die nerven.

Rechtschreib- und Grammatiktraining

Übung 5
Nomenmorpheme zeigen an, dass es sich beim Wort um ein Nomen handelt.

> **Nomenmorpheme:** -ung, -keit, -heit, -ling, -nis, -schaft, -erei, -tum
>
> Entdeck**ung**, Eitel**keit**, Verrückt**heit**, Feig**ling**, Gefäng**nis**, Meister**schaft**, Kind**erei**, Brauch**tum**

Unterstreiche in den Sätzen die Signalwörter und die Nomenmorpheme.
Schreib die Nomen gross.

1. Selbst zwischen einem hund und einer katze kann es freundschaft geben.
2. Mit tränen in den augen bat sie ihre kolleginnen um verzeihung.
3. Die preisverleihung findet erst sehr spät am abend statt.
4. Früher kaufte man die milch in der molkerei.
5. Scheint der mond nicht, herrscht im wald tiefe finsternis.
6. Kurz vor dem ende des kriegs geriet er nochmals in gefangenschaft.
7. Der angeklagte verweigerte ein geständnis, weil er nicht ins gefängnis wollte.
8. Ein land mit viel erdöl bringt es schnell zu reichtum.
9. Nach der langen wanderung konnten wir uns vor müdigkeit kaum mehr aufrecht halten.

Übung 6
Geh gleich vor wie in Übung 5.

1. Welche enttäuschung, dass der sporttag ausgefallen ist!
2. Die entdeckung des amerikanischen kontinents war ein wichtiges geschichtliches ereignis.
3. Die befragung der augenzeugen brachte kein ergebnis.
4. Der alte mann galt in der gemeinde als sonderling.
5. Beim trinken von kohlensäurehaltigen getränken verschluckte sie sich regelmässig.
6. Seine hartnäckigkeit brachte ihn endlich ans ziel seiner träume.
7. Dieses taktische foul zeugt von einer erschreckenden rücksichtslosigkeit.
8. Sie stiessen beim erkunden der höhle auf ein unüberwindbares hindernis.
9. Seine unfähigkeit zur zusammenarbeit gefährdet unser gemeinsames projekt.

Übung 7
Unterstreiche in den Sätzen die Signalwörter und die Nomenmorpheme.
Schreib die Nomen gross.

1. Das Kerzenlicht vermochte die Düsternis nicht vollständig zu vertreiben.
2. Ihr schlechtes Abschneiden an der Meisterschaft war eine herbe Enttäuschung.
3. Die Schliessung der Anlage war für alle Skater ein ziemliches Ärgernis.
4. Die Eltern ärgerten sich jeden Morgen über die Hetzerei der Kinder.
5. Der grosse Einfallsreichtum der Kinder beim Spielen versetzt mich in Erstaunen.
6. Zum Nähen braucht man keine grosse Ausrüstung.
7. Schon vor der Tür der Bäckerei roch man den Duft von frisch gebackenen Brötchen.
8. Sein Stolz hinderte ihn daran, um Entschuldigung zu bitten.
9. Die Aufführung wurde abgesagt, weil die Sängerin unter Heiserkeit litt.
10. Die Mutter konnte die Verzweiflung der Tochter nicht verstehen.

Übung 8 [E]
Geh gleich vor wie in Übung 7.

1. Vor dem Velofahren sollte man prüfen, ob die Reifen gepumpt sind.
2. An jenem Sonntag hoffte er vergeblich auf ihre Einladung zum Essen.
3. Trotz seiner Meisterschaft im Schachspielen belegte er am Turnier nur den vierten Platz.
4. Auch das Mahnen der Lehrerin konnte das ständige Kichern nicht stoppen.
5. Die Trockenlegung der Sümpfe verbesserte die Gesundheit der Bevölkerung.
6. Sie wollte unbedingt das Fliegen zu ihrem Beruf machen, für die Ausbildung fehlten ihr aber die Mittel.
7. Für das Besteigen des Fünftausenders war ihre Ausrüstung zu wenig professionell.
8. Selbst die guten Schüler können durch Unkonzentriertheit in den Prüfungen schlecht abschneiden.
9. Beim Reisen lernt man das Brauchtum von fremden Ländern kennen.
10. In wenigen Sekunden war das Öffnen der Geschenke vorbei.

Übung 9 [E]

Manchmal stehen die Signalwörter nicht beim Nomen. In diesem Fall muss man schauen, ob ein Signalwort vor dem Nomen stehen könnte.
Geh in der Übung wie folgt vor:
- Unterstreiche in den Sätzen die Signalwörter und Nomenmorpheme. Schreib die Nomen gross.
- Achte darauf, ob du vor einem Wort ein Signalwort setzen könntest. Füge ein Signalwort hinzu und schreib die Nomen gross.

Beispiel: Moritz liebt giftiges ungeziefer gar nicht.
Lösung: Moritz liebt <u>dieses</u> giftige **U**ngeziefer gar nicht.

1. Nach der langen winterpause freuen sich pferd und reiter auf ihren ersten ausritt.

2. Jedes jahr erscheinen spannende bücher auf dem markt.

3. Er trinkt kaffee ohne rahm, sie ohne zucker – so verschieden sind geschmäcker.

4. Im zug bleiben oft schirme, mützen und sonnenbrillen liegen.

5. Sie reisten um die ganze welt und besuchten städte, sehenswürdigkeiten, wüsten und wälder.

6. Heute ging er schon wieder ohne schlüssel aus dem haus.

7. Es ist kein geheimnis, dass sie im lotto grosse gewinne gemacht hatten.

8. Verfaulte früchte auf der auslage schrecken kunden ab.

9. Wegen ihrer krankheit sind schokolade und süssigkeiten verboten.

Übung 10 [E]
Geh gleich vor wie in Übung 9.

1. Um im sport erfolge feiern zu können, benötigt es talent, disziplin und belastbarkeit.

2. Für das fliegen brauchte sie im traum weder flügel noch ein flugzeug.

3. Aus gefälligkeit hatte er ihr ein praktikum in einer buchdruckerei vermittelt.

4. Welch getue um eine solche kleinigkeit.

5. Erst beim spazieren kommen der autorin einfälle.

6. An der ausstellung konnten besucher spannende einblicke in die zeit der römer gewinnen.

7. Niemand konnte genaue angaben zum hergang des unfalls machen.

8. Jahrelang lebte er im überfluss, dachte nicht an sein einkommen und nun ist ihm das geld ausgegangen.

9. Aus der kaserne drang gebrüll und gelächter; offenbar feierten die soldaten.

10. Er beklagte sich ständig über die dummheit anderer leute.

11. Diese leute haben überhaupt kein bedürfnis nach ruhe und erholung.

Übung 11: Achtung, knifflige Fälle! [E]
Geh gleich vor wie in Übung 9.

1. Dieses mal dachten sie sich für das geburtstagsfest der urgrossmutter lustige spiele aus.

2. Für eine karriere als sängerin war ihre stimme zu piepsig.

3. Rehcep hoffte, mit seiner tanzerei den internationalen durchbruch zu schaffen.

4. Seine geheimen waffen sind schnelligkeit und ausdauer.

5. Bei schnittverletzungen und schürfwunden salbe vorsichtig auftragen und an der luft trocknen lassen.

6. Was für eine schweinerei! Betrunkene konzertbesucher haben massenhaft abfall im zug liegen lassen.

7. Möchte man kinder dazu bringen, auf süssigkeiten zu verzichten, muss man sie mit spielen ablenken.

8. Durch intensives trainieren des absprungs konnte er sich im weitsprung verbessern.

9. Die verschiedenen massnahmen zur reinigung der abwässer zeigen endlich wirkung.

10. Vor hundert jahren war das schwimmen im see noch wenig bekannt.

Satzzeichen bei direkter Rede

Übung 1
Schau im Sprachbuch Seite 125, wie man bei direkter Rede die Satzzeichen setzt. Setz zu jedem Fall unter das Schema einen Beispielsatz. Markiere die Satzzeichen rot.

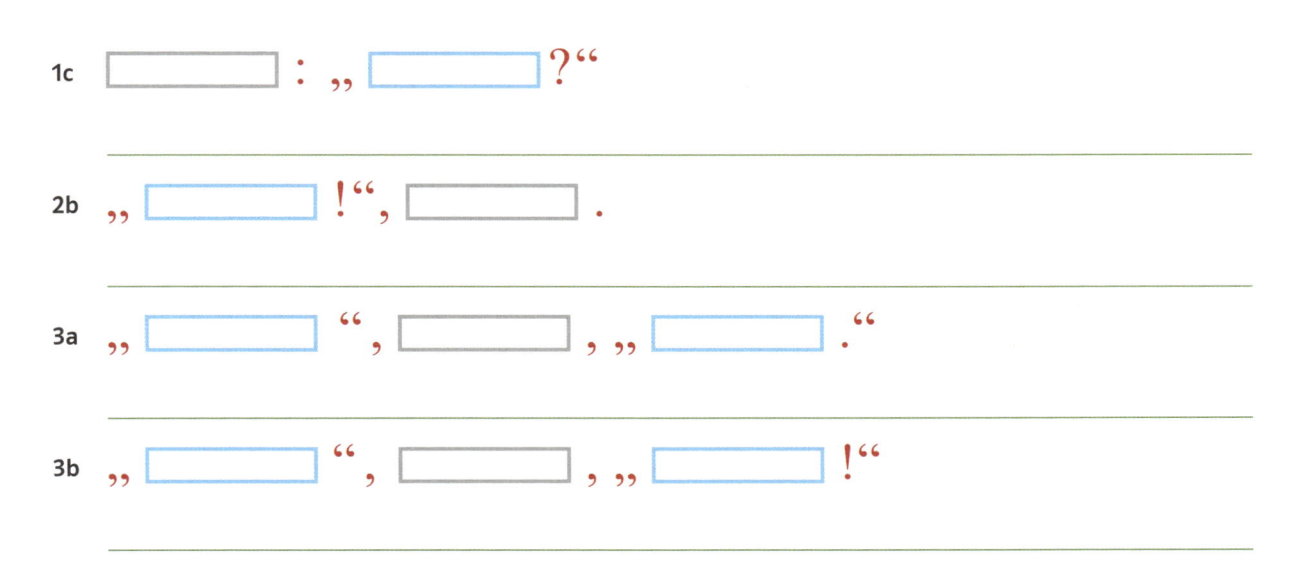

1c [ ] : „[ ]?"

2b „[ ]!", [ ].

3a „[ ]", [ ], „[ ]."

3b „[ ]", [ ], „[ ]!"

Übung 2 [G]
In den Witzen stehen die direkten Reden in Sprechblasen. Schreib die Witze als normale Texte. Setz alle Satzzeichen, die nötig sind.

① Zwei Skelette wollen in eine Disco gehen.
Das eine Skelett gräbt noch schnell seinen Grabstein aus.

Da fragt das andere: Was machst du denn da

Das Skelett antwortet: Ja, weisst du, in der Disco wollen die doch immer einen Ausweis sehen

② Der Grossvater erkundigt sich bei seiner Enkelin: Na, wie gefällt es dir denn in der Schule

Die Kleine überlegt einen Moment und antwortet dann: Eigentlich recht gut, aber irgendwie schade, dass unser Lehrer so wenig weiss. Andauernd stellt er Fragen

Rechtschreib- und Grammatiktraining — RECHTSCHREIBUNG

Übung 3 [E]
Übermale in den folgenden Witzen die Redeteile blau und setz die Satzzeichen in die grauen Lücken. Vergleiche deine Lösung mit dem Schema im Sprachbuch Seite 125. Korrigiere, wenn nötig.

① Ein Schüler schläft im Unterricht ein. „Ich glaube nicht, dass das hier der richtige Ort zum Schlafen ist", tadelt der Lehrer. Darauf antwortet der Schüler: „Es geht schon. Sie müssen nur etwas leiser sprechen."

② Beim Interview nach einem Fussballmatch fragt der Reporter den Stürmer: „Na, wie fühlen Sie sich nach dem Turnier?" Der Stürmer antwortet: „Super, ich habe zwei tolle Tore geschossen." Darauf der Reporter: „Herzlichen Glückwunsch. Wie ging das Spiel aus?" Der Stürmer antwortet: „1:1."

③ Ein Vampir geht zum Zahnarzt. „Zeigen Sie mal Ihre Zähne", fordert ihn der Zahnarzt auf. Der Vampir öffnet gehorsam den Mund. Der Zahnarzt fragt ihn: „Soll ich sie Ihnen abschleifen?" Der Vampir fährt erschrocken von seinem Stuhl hoch. „Um Himmels willen, nein", ruft er, „spitzen bitte!"

④ Bei einem Ausflug aufs Land erkundigt sich ein Städter bei einem Schäfer: „Wie viele Schafe haben Sie ungefähr?" Der Schäfer antwortet prompt: „Genau 2 437 Tiere." Da staunt der Mann aus der Stadt: „Donnerwetter! Woher wissen Sie das so genau? Haben Sie einen Trick beim Zählen?" – „Ja", meint der Schäfer, „ich zähle die Beine und teile dann durch vier."

Kommas setzen

Übung 1: Komma zwischen Verbgruppen [G]
Setze die Kommas zwischen Verbgruppen. Geh so vor:
- Umkreise die Verben mit Hell- oder Dunkelblau.
- Markiere die Satzglieder, die zu einem Verb gehören, mit dem entsprechenden Blau.
- Setze zwischen zwei Verbgruppen ein Komma.

Tipp
Perfekt, Plusquamperfekt und Futur werden aus zwei Verbformen gebildet.
Diese beiden zusammen bilden für die Kommasetzung ein Verb.

Beispiel: Ich finde Hirschfiguren toll , ich sammle sie deshalb.

1. Der Taxifahrer gab Gas sein Fahrgast musste nämlich zum Flughafen.
2. Am Anfang hatten wir schlimmes Lampenfieber das legte sich aber bald.
3. Zahida ist eine Leseratte am liebsten liest sie Krimis.
4. Die Kürbissuppe ist völlig versalzen wahrscheinlich ist der Koch verliebt.
5. Mit letzter Kraft lief Ebru über die Ziellinie dort erwartete sie bereits ihre jubelnde Familie.
6. Das Konzert wird ein grosser Erfolg davon bin ich überzeugt.
7. Der Automechaniker schimpft über die Hitze der Bademeister hingegen freut sich.
8. Mein Computer ist defekt glücklicherweise habe ich alle Daten vorher gespeichert.

Übung 2: Komma zwischen Verbgruppen [G]
Setze die Kommas zwischen Verbgruppen. Geh vor wie in Übung 1.
Beachte: Manchmal gehören zwei Verben zusammen. Markiere das Verbpaar mit demselben Blau.

Beispiel: Aus dem Haus konnte ich seltsame Geräusche hören , es stand schon lange leer.

1. Bei der Talfahrt ist der Velofahrer gestürzt zum Glück trug er einen Helm.
2. Wir sassen lange im Dunkeln schliesslich zündete mein Vater Kerzen an.
3. Die Biene verständigt sich mit speziellen Tänzen damit teilt sie den anderen die Futterquelle mit.
4. Wir sollten dem Wanderer eine warme Decke holen er ist vorher in den kalten Bergbach gefallen.
5. Über uns hängt seit Wochen eine dicke Nebeldecke deshalb freuen wir uns auf die Sonne im Engadin.
6. Von deinen Streichen habe ich langsam genug das darfst du mir glauben!
7. Am besten fangen wir mit einem leichten Backrezept an danach versuchen wir ein schwierigeres.
8. Selima stellt den Feldstecher scharf jetzt kann sie die Steinböcke sehen.
9. Für diesen Fehler musst du dich nicht schämen das kann jedem passieren!

Rechtschreib- und Grammatiktraining

RECHTSCHREIBUNG

Übung 3: Komma zwischen Verbgruppen [G]

Setze die Kommas zwischen Verbgruppen. Geh wie folgt vor:
- Umkreise die Verben mit Hell- oder Dunkelblau.
- Markiere die Satzglieder, die zu einem Verb gehören, mit dem entsprechenden Blau.
- Setze zwischen zwei Verbgruppen ein Komma.

Tipp
Achtung: Wörter wie **weil, bevor, denn, dass, obschon, nachdem** … gehören zur nachfolgenden Verbgruppe.
Schau im Zweifelsfall auf der Liste im Nachschlageteil des Sprachbuchs Seite 127 nach.

Beispiel: Ich habe Hirschfiguren gesammelt, weil ich diese Tiere so toll finde.

1. Der Kommissar ist sich sicher dass der Gärtner unschuldig ist.
2. Das Amselmännchen singt in den höchsten Tönen während das Weibchen brütet.
3. Flavia fragt ihre beste Freundin ob sie den Strohhut in die Ferien mitnehmen soll.
4. Die Musiker gaben keine Zugabe obwohl das Publikum lange applaudierte.
5. Dir hat dieser langweilige Film gefallen weil du den Schauspieler toll findest!
6. Ich spiele das Lied nochmals ab wenn es dir gefallen hat.
7. Die Musiker sammelten Geld für einen neuen Verstärker indem sie als Strassenkünstler auftraten.
8. Die Stirn des Malers ist voller Farbe weil er sich mit dem Handrücken den Schweiss abwischte.

Übung 4: Komma zwischen Verbgruppen [G]

Geh gleich vor wie in Übung 3.

1. Die Sängerin klagt häufig über Halsschmerzen obwohl sie viel Salbeitee trinkt.
2. Wir fragten den Buchhändler ob dieser dicke Roman ein Bestseller wird.
3. Es hat mich gestört dass der Kellner seine Baseballmütze nicht abgenommen hat.
4. Das Maisfeld sah völlig verwüstet aus nachdem die Heuschrecken alles kahl gefressen hatten.
5. Das Dampfschiff fuhr los sobald der letzte Passagier eingestiegen war.
6. Die täglichen Yogaübungen helfen meiner Tante dass ihre Rückenschmerzen nicht stärker werden.
7. Das Herz des Briefträgers schlug rasend schnell während der Schäferhund auf ihn zurannte.
8. Fabio wollte schon Fussball spielen bevor er richtig laufen konnte.

Übung 5: Komma zwischen Verbgruppen [G]
Geh gleich vor wie in Übung 3.

1. Ismail spricht fliessend Französisch weil seine Mutter aus Marokko stammt.
2. Nachdem die Polizei die Strasse abgeriegelt hatte brach der Verkehr zusammen.
3. Die Bibliothekarin nickt anerkennend weil der kleine Milan mit einem Stapel dicker Bücher zum Schalter kommt.
4. Rotkäppchens Grossmutter hat so grosse Augen dass sie es besser sehen kann.
5. Wenn der Kater noch lange im Garten miaut dann vertreibe ich ihn mit einem Eimer Wasser!
6. Sofia konnte kaum glauben dass sie die Fahrprüfung auf Anhieb bestanden hatte.
7. Sobald die ersten Töne erklingen steht Dunja auf der Tanzfläche.
8. Der Trainer hat in der Sendung geflucht obwohl auch Kinder unter den Zuschauern waren.
9. Der Schiedsrichter zückte die gelbe Karte nachdem der Profifussballer ein Foul vorgetäuscht hatte.

Übung 6: Komma zwischen Verbgruppen
Setze die Kommas zwischen Verbgruppen. Geh so vor:
o Umkreise die Verben mit Hell- oder Dunkelblau.
o Markiere die Satzglieder, die zu einem Verb gehören, mit dem entsprechenden Blau.
o Setze zwischen zwei Verbgruppen ein Komma.

Beispiele: Ich finde Hirschfiguren toll , ich sammle sie deshalb.

Ich habe Hirschfiguren gesammelt , weil ich diese Tiere so toll finde .

1. Der Lehrling kam im Anzug zur Feier obwohl er Krawatten hasst.
2. Während die Eltern noch schliefen schlich Tamara auf den Zehenspitzen in die Küche.
3. Das Wetter hat plötzlich umgeschlagen deshalb müssen die Wanderer umkehren.
4. Bevor die Seilbahn losfährt ertönt ein schrilles Signal.
5. Ivan liest zufrieden in der Hängematte obwohl bereits die ersten Regentropfen fallen.
6. Der Wirt spendierte uns einen Kaffee weil wir so lange auf das Essen warten mussten.
7. Weshalb hat man dem Taucher nicht gesagt dass es in dieser Gegend Haie gibt?
8. Auf diese Bank solltest du dich nicht setzen sie ist frisch gestrichen!

Übung 7: Komma zwischen Verbgruppen
Geh gleich vor wie in Übung 6.

1. Wir haben kein Wort verstanden obwohl wir die Ohren spitzten.
2. Wenn ihr so weitermacht werdet ihr noch grossen Erfolg haben!
3. Jasmin kennt fast jedes Heilkraut das ist ihr grosses Hobby.
4. Die Slalomfahrerin nimmt nicht am Rennen teil denn sie hat ein kaputtes Knie.
5. Sobald der Gotthardtunnel wieder offen ist fährt Egon mit seinem Lastwagen los.
6. Die Tierärztin hat alles Mögliche getan das ist klar.
7. Falls unsere Mannschaft morgen das Spiel gewinnt sind wir im Final.
8. Jonas hat sein Portemonnaie zu Hause vergessen jetzt muss er nochmals zurück.

Übung 8: Komma zwischen Verbgruppen
Geh gleich vor wie in Übung 6.

1. Maja verschmiert ständig die Tinte denn sie ist Linkshänderin.
2. Weil der Favorit verletzt ist hoffen seine Verfolger auf einen Sieg.
3. Die Feuerwehr rückte mit Blaulicht aus nachdem ein Augenzeuge den Brand gemeldet hatte.
4. Die Försterin sammelte so viele Pilze dass sie einen Teil davon verschenken musste.
5. Bevor meine Mutter zum Einkaufszentrum fährt bringt sie die leeren Glasflaschen zur Sammelstelle.
6. Während der Pizzaiolo sich von seiner Grippe erholt bleibt unsere Lieblingspizzeria geschlossen.
7. Obwohl der Fasnachtsumzug längst vorbei war hallten die Trommeln noch lange nach.
8. Aus der Küche duftet es herrlich denn meine Mutter bäckt die besten Zimtsterne.

Übung 9: Verbgruppe in Verbgruppe

Setz die Kommas zwischen den Verbgruppen. In jedem Satz kommt eine Verbgruppe vor, die in einer anderen Verbgruppe liegt. Beachte, dass du in solchen Fällen zwei Kommas setzen musst: ein Komma vor und eines nach der inneren Verbgruppe.

Beispiel: Aus dem Haus , es stand leer , konnten wir seltsame Geräusche hören.

1. Natalia sie interessiert sich sonst nicht für Sport findet Tiefseetauchen toll.
2. Der Filmstar ich habe seinen Namen vergessen hat eine unglaublich tiefe Stimme.
3. Unser neuer Lehrer er spielt in einer Reggae-Band schwärmt ständig von Jamaika.
4. Die junge Regisseurin sie konnte ihr Glück kaum fassen erhielt einen Oscar.
5. Unser Onkel er wohnt an einer stark befahrenen Strasse freut sich auf die Ferien im Grünen.
6. Auf seiner ersten Schifffahrt das ist kein Witz fiel der Matrose ins Wasser.
7. Die langhaarigen Typen sie sehen ziemlich gefährlich aus sind eigentlich ganz harmlos.
8. Der Professor er spricht bereits sieben Sprachen lernt jetzt Suaheli.

Übung 10: Verbgruppe in Verbgruppe

Geh gleich vor wie in Übung 9.

1. Alessia muss sobald die Schwellung abgeklungen ist schon den nächsten Weisheitszahn ziehen.
2. Der Nordwind er bereitet Amir jedes Mal Kopfschmerzen heisst in der Schweiz Bise.
3. Der Schuhschnabel man nennt ihn auch Abu Markub ist ein vom Aussterben bedrohter Vogel.
4. Der Snowboardtag findet obwohl die Sicht nicht optimal ist am nächsten Dienstag statt.
5. Der Comiczeichner hat nachdem er mit dem ersten Band so erfolgreich gewesen war einen zweiten Band veröffentlicht.
6. Ein Kamel muss bevor man mit ihm durch die Wüste reist literweise Wasser trinken.
7. Der Physiker er gewann bereits den Nobelpreis hat eine weitere Entdeckung gemacht.
8. Das Kind meiner grossen Schwester soll falls es ein Mädchen wird Luisa heissen.

Übung 11: Gemischt

1. Die Pilotin setzt zur Landung an sobald sie vom Kontrollturm die Erlaubnis erhält.

2. Unser Kater nimmt nachdem er eine Woche lang nichts gefressen hat heute einen Bissen Fisch.

3. Der Lastwagen donnert bestimmt fährt er zu schnell durch die enge Gasse.

4. Wenn Nils traurig ist dann spielt er im Keller Schlagzeug.

5. Sobald die Sonne untergeht färben sich die Bergspitzen rot.

6. Sara sie hat das Radio voll aufgedreht hört die Türklingel nicht.

7. Obschon der Hagel nach einigen Minuten aufgehört hatte waren die Schäden riesengross.

8. Die Tangotänzerin schimpft vor dem Spiegel weil sie mit dem Lippenstift ausgerutscht ist.

9. Mein Nachbar zupft während er spricht ständig an seinem Ohrläppchen.

Übung 12: Gemischt [E]

1. Die Räuber machten sich aus dem Staub sobald sie das Hundegebell hörten.

2. Weil er als Kind in einen Kessel mit Zaubertrank gefallen ist hat Obelix übermenschliche Kräfte.

3. Emma vergisst wenn sie Flamenco tanzt die ganze Welt um sich herum.

4. Ruben er kam gestern zum ersten Mal in unsere Klasse war allen auf Anhieb sympathisch.

5. Calvin wollte leise aus dem Haus schleichen seine Mutter erwischte ihn aber vor der Tür.

6. Das Publikum riss der Stürmer hatte soeben ein Traumtor erzielt die Arme zur Welle hoch.

7. Die Zoowärterin erklärte den Besuchern dass Tiger sehr gute Schwimmer sind.

8. Wollen wir heute Abend falls der Wind nicht stärker wird eine Runde Federball spielen?

9. Avram hat rote Augen denn auf die Birkenpollen ist er besonders allergisch.

Übung 13: Gemischt

1. Greta ist überglücklich dass sie mit Valentina nach Spanien fahren darf.

2. Basilikum gedeiht falls er nicht der prallen Sonne ausgesetzt ist sehr gut auf dem Balkon.

3. Valon hat kein Geld fürs Kino denn er spart für seinen ersten Töff.

4. Der berühmte Pianist wollte eigentlich Eishockeyspieler werden bevor er sich der Musik zuwandte.

5. Auf Siras Gips sie hat den Arm gebrochen wollen alle unterschreiben.

6. Sobald Ilja die ersten Töne des Cellokonzerts hörte versank er in seine eigene Welt.

7. Kim und Julia sie spielen oft zusammen haben ihren Avatar nach ihren Vorstellungen gestaltet.

8. Schau mal nach links dort verteilen zwei Studenten frische Brötchen!

9. Bald wird unsere Oma sie klappert schon seit zehn Uhr mit den Kochtöpfen uns zum Festessen rufen.

Übung 14: Gemischt – Achtung, knifflige Fälle! [E]

1. Hakan hat keine Ahnung dass seine Freunde für ihn eine Überraschungsparty planen.

2. Voller Bewunderung schaut Tobias seine grosse Leidenschaft ist Basketball den Stars der amerikanischen Liga zu.

3. Die jungen Strassenkünstler in unserer Stadt kennt sie jeder sind mit einem Preis ausgezeichnet worden.

4. Lisa zuckt zusammen denn sie hat uns nicht gehört.

5. Während wir bei den Elefanten unsere Pausenbrote auspacken beobachtet Guido die Zitteraale im Aquarium.

6. Die Journalistin fragte die englische Prinzessin ob sie einen Prinzen heiraten wolle.

7. Schimpansen gebrauchen Werkzeuge indem sie mit kleinen Stöcken Termiten aus den Hügeln angeln.

8. Für seinen Freund Tim hält Sascha er selbst mag kein Schweinefleisch die Bratwurst ins Feuer.

9. Falls du morgen Nachmittag noch nichts vorhast können wir zusammen zum Grümpelturnier gehen.

Übung 15: Das Komma in Reihungen (Aufzählungen)

> Die Teile einer **Reihung** (Aufzählung) werden mit **Kommas** abgetrennt:
> In der Schachtel hat es ein Klebeband**,** eine Schere**,** Leim und einen Pinsel.
> Er ist ein gemeiner**,** fieser und hinterhältiger Ganove.
>
> **Vor «und» und «oder» steht kein Komma.**

1. Heute Morgen auf dem Markt kaufte ich einige Äpfel zwei Wassermelonen einen Sack voll Kirschen und die letzten Schweizer Erdbeeren.
2. Ich wünsche mir zum Geburtstag eine ordentliche Stereoanlage ein neues Stativ für mein Teleskop eine E-Gitarre neue Inlineskates einen Gutschein für DVDs und eine Aufstockung des Taschengeldes.
3. Willst du lieber mit Max Tanja und Laura oder mit Merab Stefan und Agnes in der Gruppe sein?
4. Diese Frau ist jung hübsch klug reich und bei allen sehr beliebt – aber glücklich ist sie nicht.
5. Auf der Safari sahen wir Giraffen eine Herde Zebras Büffel unzählige Flamingos und später sogar Löwen und Elefanten.
6. Unsere Familie ist sehr aktiv: Jedes Wochenende gehen wir biken wandern klettern oder Badminton spielen.
7. DJ Fetz bietet die passende Musik: Sei es für eine Hochzeit ein Firmenjubiläum oder eine Geburtstagsparty.
8. Die neue Miss World hat braune Augen blonde Haare ein schmales Gesicht und ein strahlendes Lächeln.
9. Auf dem Schreibtisch des Übersetzers stapeln sich voll beschriebene Hefte kleine Notizzettel geöffnete Wörterbücher und leere Kaffeebecher.
10. Schneewittchen war weiss wie Schnee rot wie Blut und schwarz wie Ebenholz.
11. Sie bestellte sich einen Pfefferminztee ein Stück Aprikosenwähe und eine Kugel Vanilleglace.
12. Am liebsten trinkt Sergio einen heissen schwarzen stark gesüssten Espresso.
13. Welches ist keine japanische Kampfsportart – Karate Judo Aikido oder Taekwondo?

Rechtschreib- und Grammatiktraining RECHTSCHREIBUNG

Strategien zur Korrektur von Texten

Übung 1: Trennregeln
Du hast einen Text geschrieben. Nun schlägt dir das Word-Trennprogramm folgende Trennungen vor. Sind sie richtig? Streiche die falschen Trennungen durch, schreib die richtige Lösung auf die Zeile und gib die Regel dazu in Stichworten an.

Tipp
Falls du beim Kontrollieren nicht sicher bist, schlag die Regel im Sprachbuch Seite 122 nach.

~~Tre ppe~~   **Trep-pe** → bei zwei Konsonanten kommt der letzte auf die neue Zeile

~~A rie~~   **Arie** → nicht trennbar, denn einzelne Vokale dürfen nicht abgetrennt werden

~~bleib en~~   **blei-ben** → Wörter werden nach Silben getrennt

Blä-tter

Perüc-ke

renn-en

herr-lich

ei-frig

o-der

dü-mmer

rat-en

O-per

Gle-tscher

ma-chen

kni-fflig

Wü-ste

Ma-uer

Nad-el

Rechtschreib- und Grammatiktraining

RECHTSCHREIBUNG

Übung 2: Einen fremden Text korrigieren

Marios Onkel wohnt schon seit vielen Jahren in den USA. Dort spricht und schreibt er nur noch Englisch und ist sich deshalb bei vielen Wörtern nicht mehr ganz sicher, wie man sie auf Deutsch richtig schreibt.

(1) Korrigiere seinen Brief mit **UPS**:
Unterstreichen, **P**roben anwenden, **S**cheinwerfer einschalten.
Benutz folgende Farben für die Fehlermarkierung:
- Braun für die Gross- und Kleinschreibung
- Grün für die Doppelkonsonanten-Regel
- Rot für alles Weitere (Kommas musst du nicht korrigieren)

(2) Schreib deine Korrektur jeweils über das falsch geschriebene Wort.

Lieber Mario

Entschuldige, dass ich so lange nicht geschriben habe. Ich hate sehr vil zu

tun. Wir eröfnen bald ein neues Restaurant in San Francisco. Du kanst dir

nicht forstellen, wie viel Ärger wir damit haben. Zuerst wuchs an den

Wenden ein grässlicher Schimel, weil die Wasser leitungen undicht waren.

Dann war plötzlich die Geschirspülmaschine kaputt!

Aber genug von mier. Ich weiss, dass du darauf wartest, dass wir entlich

deine Plänne für deinen besuch bei uns besprechen. Ich schlage for, dass du

sofort zum beginn der Schulferien komst. Bite doch deinen Vater, dir einen

flug zu buchen.

Rechtschreib- und Grammatiktraining

Tipp
Wenn du nicht mehr weisst, wie UPS geht, schau auf Arbeitsblatt 81 nach.

Wir faren zuerst für ein paar tage ans Meer, damit du schwimen und vileicht etwas surfen kannst. Dan besuchen wir zwei Nationalparks. Zuerst reisen wir zum Sequoia National Park, wo die risengrossen Beume wachsen. Dan fahren wir in die Mojave-Wüste und besuchen den Death Valley National Park. Das heisst auf Deutsch «tal des Todes» und es ist einer der heissesten orte der Welt.

Wie du siest, habe ich vil mit dir vor. Ich freue mich, dich wiederzusehen.

Herzliche Grüse

Dein Onkel Kurt

Grammatik

Stamm-Morpheme zusammensetzen

Zusammengesetzte Nomen – Worttreppen
Im Deutschen können Nomen Zusammensetzungen bilden. Diese werden
zusammengeschrieben.

Beispiele: Spiel + Platz = Spielplatz
  Fuss + Ball + Spiel = Fussballspiel

Übung 1
Eine Besonderheit des Deutschen ist, dass es beliebig viele Nomen
zusammensetzen kann:
Dampf + Schiff + Fahrt + Kapitän + Mütze = Dampfschifffahrtskapitänsmütze

(1) Bildet zu zweit ein möglichst langes Wort mit Hilfe einer Worttreppe.
Geht dabei folgendermassen vor:
   o Sucht zwei Nomen und bildet damit eine Zusammensetzung.
     Schreibt dies auf die Linie.
     Beispiel: der Dampf + das Schiff = das Dampfschiff
   o Erweitert die Zusammensetzung durch zusätzliche Nomen.
     Beispiel: das Dampfschiff + die Fahrt = die Dampfschifffahrt

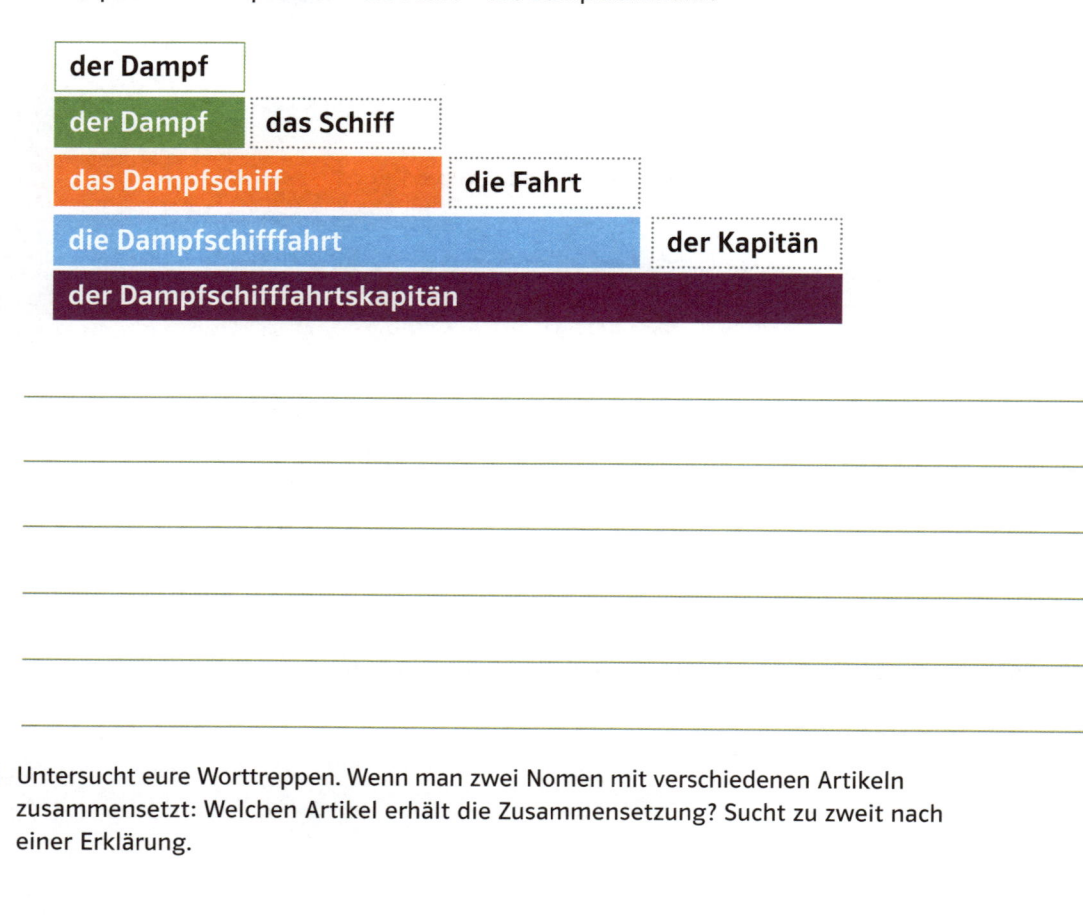

| der Dampf |
der Dampf	das Schiff
das Dampfschiff	die Fahrt
die Dampfschifffahrt	der Kapitän
der Dampfschifffahrtskapitän

(2) Untersucht eure Worttreppen. Wenn man zwei Nomen mit verschiedenen Artikeln
zusammensetzt: Welchen Artikel erhält die Zusammensetzung? Sucht zu zweit nach
einer Erklärung.

Rechtschreib- und Grammatiktraining

GRAMMATIK

Übung 2
Der Druide Miraculix hat einige Rezepte zu Zaubertränken und Zauberspeisen aufgeschrieben. Bei den zusammengesetzten Nomen ist er aber unsicher.

(1) Unterstreiche alle Zusammensetzungen.

Gegen Bauch Schmerzen
Bei Mond Schein sieben Kamillen Blüten und sieben Salbei Blätter pflücken. Im Kupfer Kessel zusammen mit sieben Fuchs Haaren und einer Messer Spitze gemahlenen Ameisen Eiern zu einem starken Tee kochen. Der Zauber Trank wirkt stärker, wenn man ihn aus einem Silber Geschirr langsam schlürft.

Gegen Alp Träume
Zwei getrocknete Hühner Knochen um Mitternacht mit einem Mörser zu einem feinen Pulver zerreiben. Mit Hirse Brei, Schnecken Schleim und einem Tee Löffel Salz zu einem Teig kneten. Über dem Lager Feuer eine Stunde backen.
Mit Wespen Honig süssen und noch warm essen.

Gegen Prüfungs Angst
Eine Prise Wildschwein Zähne in Schlangen Gift auflösen. Die Mischung hinter die Ohr Läppchen reiben. Danach im Kopf Stand ein Dutzend Fantasie Wörter erfinden und ohne Atem Pause aufsagen.

Wunder Tropfen für Not Fälle
Mit der goldenen Sichel Misteln aus dem Eichen Wald schneiden und zwei Tage in Esels Milch einlegen. Einen grossen Schluck Fisch Öl und einige Holunder Beeren dazugeben, mit dem Zauber Stab achtmal im Uhrzeiger Sinn umrühren.
Bei Kerzen Schein wirkt es besonders gut!

(2) Schreib alle zusammengesetzten Nomen von Seite 41 in die Tabelle und halte fest, was sie bedeuten.

Zusammengesetztes Nomen	Bedeutung
Bauchschmerzen	Schmerzen im Bauch
Mondschein	Schein des Mondes

Zusammengesetztes Nomen	Bedeutung

Wortarten

Tipp
Schau nochmals das Flussdiagramm mit den Wortartproben im Sprachbuch Seite 106 bis 107 an.

Übung 1
Die Wortartproben geben an, welche grammatischen Eigenschaften die Wortarten haben. Ordne jeder Wortart die richtigen Proben zu und verbinde sie mit einem Pfeil.
Achtung: Manchmal gibt es für eine Wortart mehrere Proben!

Wortart	Probe
Nomen	Kannst du das Wort in die Lücke setzen? der _____ Lurk
Verb	Kommt das Wort in der Pronomenliste im Sprachbuch Seite 126 vor?
Adjektiv	Kannst du mit dem Wort folgende Reihe bilden? gross – grösser – am grössten
Pronomen	Gehört immer «der», «die» oder «das» zum Wort?
Partikel	Kannst du mit dem Wort eine Formenreihe bilden nach dem Muster sagen – sagte – gesagt oder trinken – trank – getrunken?
	Sie sind unveränderlich. Für sie gibt es keine Probe.
	Kannst du das Wort sagen mit ich, du, er / sie / es, wir, ihr, sie?

Übung 2
Welche Wortartprobe muss hier angewendet werden? Ergänze die Tabelle.

Der junge Vampir zeigt keine Furcht vor dem hellen Tageslicht.

Wort	Wortart	Begründung / Probe
Der	Pronomen	auf Pronomenliste
junge	Adjektiv	
Vampir	Nomen	Artikelprobe: der Vampir
zeigt	Verb	
keine	Pronomen	
Furcht	Nomen	
vor	Partikel	
dem	Pronomen	
hellen	Adjektiv	
Tageslicht.	Nomen	

Rechtschreib- und Grammatiktraining — GRAMMATIK

Übung 3 [G]
Geh gleich vor wie in Übung 2.

Ein kleines, farbiges Fischerboot fährt langsam durch die malerische Bucht.

Wort	Wortart	Begründung / Probe
Ein	Pronomen	auf Pronomenliste
kleines	Adjektiv	
farbiges	Adjektiv	
Fischerboot	Nomen	
fährt	Verb	
langsam	Adjektiv	
durch	Partikel	
die	Pronomen	
malerische	Adjektiv	
Bucht.	Nomen	

Übung 4 [E]
Kreuze an, ob die Behauptungen richtig oder falsch sind, und begründe.
Schau im Sprachbuch Seite 106 bis 107 und bei Übung 1 nach.

                        richtig falsch

o «keuchst» ist ein Verb, weil man damit die Formenreihe   ☐   ☐
«keuchen – keuchte – gekeucht» bilden kann.

   Begründe, falls falsch: _____

o «mittags» ist eine Zeitangabe. Es ist also ein Verb.   ☐   ☐

   Begründe, falls falsch: _____

o BÄRTIG ist ein Nomen. Ich kann «der» davor setzen, wie z. B. in DER BÄRTIGE MANN.   ☐   ☐

   Begründe, falls falsch: _____

o «tot» kann man nicht steigern. Es ist also kein Adjektiv.   ☐   ☐

   Begründe, falls falsch: _____

Übung 5

Bestimme die Wortarten der Wörter im folgenden Satz.
Nimm dazu das Flussdiagramm mit den Wortartproben im Sprachbuch
Seite 106 bis 107 zu Hilfe. Überschreib bei Nomen den Anfangsbuchstaben
mit einem Grossbuchstaben.

Der dichte nebel verdeckte die berge und der sportliche wanderer fand ohne seine
wanderkarte den weg nicht.

Wort	Wortart	Begründung / Probe
Der	Pronomen	auf Pronomenliste
dichte	Adjektiv	Lücke: der dichte Lurk (Reihe: dicht – dichter – am dichtesten)
Nebel	Nomen	Artikelprobe: der Nebel
verdeckte		
die		
berge		
und		
der		
sportliche		
wanderer		
fand		
ohne		
seine		
wanderkarte		
den		
weg		
nicht.		

Übung 6
Geh gleich vor wie in Übung 5.

Wer in deiner gruppe ist die schlimmste plaudertasche und mit wem schimpft der abwart immer?

Wort	Wortart	Begründung / Probe
Wer		
in		
deiner		
gruppe		
ist		
die		
schlimmste		
plaudertasche		
und		
mit		
wem		
schimpft		
der		
abwart		
immer?		

Übung 7
Geh gleich vor wie in Übung 5.

Ihr unvernünftiges verhalten brachte sie wieder in grosse schwierigkeiten und ihre engsten freundinnen verloren die geduld.

Wort	Wortart	Begründung / Probe
Ihr		
unvernünftiges		
verhalten		
brachte		
sie		
wieder		
in		
grosse		
schwierigkeiten		
und		
ihre		
engsten		
freundinnen		
verloren		
die		
geduld.		

Übung 8 [G]
Geh gleich vor wie in Übung 5.

Das teure skateboard, das die freunde gekauft haben, ist schon nach kurzer zeit kaputt. Welches pech!

Wort	Wortart	Begründung / Probe
Das		
teure		
skateboard,		
das		
die		
freunde		
gekauft		
haben,		
ist		
schon		
nach		
kurzer		
zeit		
kaputt.		
Welches		
pech!		

Rechtschreib- und Grammatiktraining

GRAMMATIK

Übung 9
Bestimme in den Sätzen die Wortarten. Nimm dazu das Flussdiagramm mit
den Wortartproben im Sprachbuch Seite 106 bis 107 zu Hilfe.
Schreib die Wortart oberhalb des Wortes hin:

Nomen = N, Verb = V, Adjektiv = A, Pronomen = Pro, Partikel = P

      Pro A   N   V   Pro N   Pro N   P Pro N

1. Die scharfe Suppe trieb dem Gast die Tränen in die Augen.

2. Für das konzert hatten sie ihre schönsten stücke geprobt.

3. Welchen dieser wertvollen ringe würdest du kaufen?

4. Schon mancher velofahrer hat versucht, mit einem alten drahtesel über diesen pass zu fahren.

5. Die räuberische elster stahl der grossmutter allen schmuck aus dem schlafzimmer.

6. Wegen der schlechten wetterprognose wurde der ausflug in die berge in der letzten minute verschoben.

7. Die junge frau trug eine weite latzhose, gestreifte stulpen sowie ein geblümtes hemd.

8. Der krankenwagen brachte den bleichen autofahrer ins nahe spital.

9. Mit freundlichen worten konnte der zugführer die zornigen fahrgäste besänftigen.

Übung 10
Geh gleich vor wie in Übung 9.

1. Nach ihrer rückkehr waren sie so müde, dass sie schnell einschliefen.

2. In afrika mangle es an trinkwasser, hiess es in der reportage.

3. Red doch nicht so einen unsinn, das glaubt dir doch niemand!

4. Morgen erwartet dich eine grosse überraschung, über die du dich freuen wirst.

5. Seit die kugellager kaputt sind, fahren die rollschuhe langsamer.

6. Am sonntag gehen kinder und erwachsene ins schwimmbad, um sich im kühlen wasser zu erfrischen.

7. Pass doch auf mit diesen gläsern, sie sind sehr zerbrechlich!

8. Nach ihrem heftigen streit sprachen sie kein wort mehr.

9. Basketballer sind fast immer grösser als der durchschnitt.

Rechtschreib- und Grammatiktraining

GRAMMATIK

Übung 11 [E]

In den Sätzen sind alle Partikeln unterstrichen. Handelt es sich jeweils um eine Präposition oder um eine Konjunktion oder um eine andere Partikel?
Übermale die Konjunktionen **hellgrün** und die Präpositionen **dunkelgrün**. Nimm dazu die Präpositionen- und die Konjunktionenliste im Sprachbuch Seite 127 zu Hilfe.
Achtung: Nicht alle Partikeln sind Konjunktionen oder Präpositionen. Die restlichen Partikeln musst du nicht anstreichen.

1. **Obwohl** sie **für** ihren Auftritt intensiv geübt hatte, traf sie viele Töne nicht.

2. Er liess sein Pferd auf dem Feldweg galoppieren, damit es sich etwas austoben konnte.

3. Sie sollten ihre Ausweispapiere bereithalten, falls sie sie an der Grenze vorweisen müssen.

4. Nachdem ein heftiger Sturm viele Geräte auf dem Spielplatz zerstört hatte, konnte dank einer grosszügigen Spende alles wiederhergestellt werden.

5. Sie muss mit mehr Gefühl singen, falls sie wieder auftreten sollte.

6. Während die einen noch schliefen, waren die anderen schon fast auf dem Gipfel angekommen.

7. Ausser der älteren Schwester waren alle zufrieden mit dem Ausflug.

8. Nach der Prüfung waren alle erleichtert, obschon ja noch niemand wusste, ob sie gut ausgefallen war.

Übung 12 [E]

(1) Bestimme die Wortarten. Nimm das Sprachbuch Seite 106 bis 107 zu Hilfe.
Schreib die Nomen gross.
(2) Unterstreiche die Konjunktionen **hellgrün** und die Präpositionen **dunkelgrün**.

1. Er hält unter der grossen linde ein schläfchen, bevor er sich wieder an die arbeit macht.

2. Sie stürzt sich mit begeisterung auf die neuen aufgaben, weil ihr eine belohnung versprochen wurde.

3. Sie werden sich ärgern, wenn sie das chaos in ihrem haus sehen.

4. Die kuh rannte aus dem stall, nachdem sie von einer bremse gebissen worden war.

5. Wir waren nicht sicher, ob der blumentopf auf den hund gefallen war.

6. Nachdem sich einige kunden beschwert hatten, sprach der geschäftsführer ein ernstes wörtchen mit seinen mitarbeitern.

7. Die firma erhält so viele bestellungen, dass sie mit der lieferung kaum mehr nachkommt.

8. Wir werden nach einer neuen lösung suchen müssen, wenn ihr euch nicht einigen könnt.

Die Konjugationsformen des Verbs

Tipp
Die Zeitformen kannst du im Sprachbuch Seite 108 nachschlagen oder im Nachschlageteil Seite 116 bis 117.

Übung 1

Unterstreiche in den Sätzen alle Konjugationsformen mit Bleistift. Beim Perfekt, Plusquamperfekt und Futur musst du das Hilfsverb «haben», «sein» oder «werden» und das Partizip Perfekt oder die Infinitivform unterstreichen. Kreuze an, um welche Zeitform es sich handelt.

Verb	Präsens	Perfekt	Präteritum	Plusquamperfekt	Futur
Er <u>hat</u> heute nichts <u>gegessen</u>.	☐	☒	☐	☐	☐
Alle werden laut singen.	☐	☐	☐	☐	☐
Er nörgelte ständig.	☐	☐	☐	☐	☐
Wir hatten ihr geglaubt.	☐	☐	☐	☐	☐
Wir sind weit gesprungen.	☐	☐	☐	☐	☐
Du hast dich schnell gesetzt.	☐	☐	☐	☐	☐
Sie wird dir nicht mehr schreiben.	☐	☐	☐	☐	☐
Ihr grinst immer so dämlich.	☐	☐	☐	☐	☐
Ich flickte dein Fahrrad.	☐	☐	☐	☐	☐
Du freust dich aufs Tanzen.	☐	☐	☐	☐	☐
Seid ihr über den See geschwommen?	☐	☐	☐	☐	☐
Du singst wunderschön.	☐	☐	☐	☐	☐
Wir hatten laut gejubelt.	☐	☐	☐	☐	☐
Er stiess seine Nachbarin in die Rippen.	☐	☐	☐	☐	☐
Wir sind vor den Mücken geflohen.	☐	☐	☐	☐	☐
Ich habe mich sehr gefürchtet.	☐	☐	☐	☐	☐
Ihr glaubtet ihr nie.	☐	☐	☐	☐	☐
Sie hatte kaltblütig geschossen.	☐	☐	☐	☐	☐
Du zögerst vor der Entscheidung.	☐	☐	☐	☐	☐

Rechtschreib- und Grammatiktraining

GRAMMATIK

Übung 2

(1) Unterstreiche in den Sätzen alle Konjugationsformen mit Bleistift. Beim Perfekt, Plusquamperfekt und Futur musst du das Hilfsverb «haben», «sein» oder «werden» und das Partizip Perfekt oder die Infinitivform unterstreichen.
Unterstreiche das Partizip Perfekt braun, den Infinitiv blau, den Imperativ violett.

(2) Kontrolliere, ob du alle Verben erkannt hast. Vergleiche mit einer Kollegin, einem Kollegen.

(3) Schreib die konjugierten Verben in die Tabelle und kreuze die Zeitform an.
Bei den zusammengesetzten Zeiten wie Perfekt und Futur schreibst du beide Verbteile auf: **hat getrunken, wird trinken.**

1. Selina hat gestern bis spät in die Nacht getanzt.
2. Räum endlich dein Zimmer auf! Ich hasse dieses Chaos.
3. Das Wetter war heiss, daher sind wir den ganzen Tag im Schatten geblieben.
4. Wenn du so weitermachst, wirst du eines Tages viele Probleme bekommen.
5. Wir haben sie schon oft um einen Gefallen gebeten.
6. Er hatte genug gesehen und wollte nach Hause.
7. In den Herbstferien werden wir nach Italien reisen.
8. Wir sehen dein Problem.

Verb	Präsens	Perfekt	Präteritum	Plusquamperfekt	Futur
hat getanzt	☐	☒	☐	☐	☐
	☐	☐	☐	☐	☐
	☐	☐	☐	☐	☐
	☐	☐	☐	☐	☐
	☐	☐	☐	☐	☐
	☐	☐	☐	☐	☐
	☐	☐	☐	☐	☐
	☐	☐	☐	☐	☐
	☐	☐	☐	☐	☐
	☐	☐	☐	☐	☐
	☐	☐	☐	☐	☐
	☐	☐	☐	☐	☐

Rechtschreib- und Grammatiktraining

GRAMMATIK

Übung 3
Kreuze die richtige Präteritumsform an. Nimm das Wörterbuch oder die Verbenliste im Arbeitsheft Seite 154 bis 156 zu Hilfe, wenn du unsicher bist.

> **waschen**; du wäschst; sie wäscht; er wusch; sie hat das Auto gewaschen; sich waschen; du hast dich noch nicht gewaschen
>
> — Präteritum

Grundform	Präteritum		
bringen	☐ sie bringten	☐ sie brachten	☐ sie brungen
fallen	☐ er fallte	☐ er fohl	☐ er fiel
befehlen	☐ ihr befehltet	☐ ihr befohlt	☐ ihr befahlt
stehlen	☐ sie stehlten	☐ sie stohlen	☐ sie stahlen
mögen	☐ er mögte	☐ er mochte	☐ er mogte
lügen	☐ ich lügte	☐ ich log	☐ ich lug
messen	☐ wir messten	☐ wir missen	☐ wir massen
winken	☐ du winktest	☐ du wunktest	☐ du wanktest
streichen	☐ ich strich	☐ ich streichte	☐ ich strichte
sitzen	☐ wir sitzten	☐ wir sassen	☐ wir sessten
wissen	☐ sie wisste	☐ sie weisste	☐ sie wusste
schleichen	☐ wir schleichten	☐ wir schlichten	☐ wir schlichen
sinken	☐ es sank	☐ es sinkte	☐ es sunk
verlieren	☐ ihr verliertet	☐ ihr verlort	☐ ihr verlortet
helfen	☐ ich helfte	☐ ich holf	☐ ich half
fangen	☐ du fingst	☐ du fangtest	☐ du fungst
laufen	☐ sie lauften	☐ sie loffen	☐ sie liefen
klingen	☐ er klingte	☐ er klang	☐ er klangte

Übung 4

Kreuze die richtige Perfektform an. Nimm das Wörterbuch oder die Verbenliste im Arbeitsheft Seite 154 bis 156 zu Hilfe, wenn du unsicher bist.

Perfekt

waschen; du wäschst; sie wäscht; er wusch; sie hat das Auto gewaschen; sich waschen; du hast dich noch nicht gewaschen

Grundform	Perfekt		
bringen	☐ sie haben gebringt	☐ sie haben gebrungen	☐ sie haben gebracht
fallen	☐ er ist gefallt	☐ er ist gefollen	☐ er ist gefallen
befehlen	☐ ihr habt befohlen	☐ ihr habt befehlt	☐ ihr habt befahlen
stehlen	☐ sie haben gestehlt	☐ sie haben gestohlen	☐ sie haben gestahlen
mögen	☐ er hat gemocht	☐ er hat gemögen	☐ er hat gemögt
lügen	☐ ich habe gelügt	☐ ich habe gelogen	☐ ich habe gelogt
messen	☐ wir haben gemessen	☐ wir haben gemasst	☐ wir haben gemesst
winken	☐ du hast gewinkt	☐ du hast gewunken	☐ du hast gewunkt
streichen	☐ ich habe gestreicht	☐ ich habe gestrichen	☐ ich habe gestricht
sitzen	☐ wir haben gesitzt	☐ wir haben gesessen	☐ wir haben gesesst
wissen	☐ sie hat gewussen	☐ sie hat gewisst	☐ sie hat gewusst
schleichen	☐ wir sind geschlochen	☐ wir sind geschlichen	☐ wir sind geschleicht
sinken	☐ es ist gesanken	☐ es ist gesinkt	☐ es ist gesunken
verlieren	☐ ihr habt verliert	☐ ihr habt verlort	☐ ihr habt verloren
helfen	☐ ich habe gehelft	☐ ich habe geholfen	☐ ich habe gehulfen
fangen	☐ du hast gefangt	☐ du hast gefungen	☐ du hast gefangen
laufen	☐ sie sind geloffen	☐ sie sind gelaufen	☐ sie sind gelauft
klingen	☐ er hat geklingt	☐ er hat geklangen	☐ er hat geklungen

Rechtschreib- und Grammatiktraining GRAMMATIK

Aktiv und Passiv

Tipp
Achte vor allem auf «werden», «wird», «wurde» ... – diese Verbformen braucht es zur Bildung des Passivs.

Übung 1
Entscheide bei den folgenden Satzpaaren, welcher Satz im Aktiv und welcher im Passiv steht. Setz dein Kreuz in die richtige Spalte.

	Aktiv	Passiv
1. Das Paket wurde schon gestern geliefert.	☐	☐
Der Lieferdienst hat das Paket schon gestern geliefert.	☐	☐
2. Dieses Buch hat ein unbekannter Autor geschrieben.	☐	☐
Dieses Buch wurde von einem unbekannten Autor geschrieben.	☐	☐
3. Mein Radiergummi wurde schon wieder geklaut.	☐	☐
Wer hat schon wieder meinen Radiergummi geklaut?	☐	☐
4. Der Löwe wurde für sein Kunststückchen belohnt.	☐	☐
Der Dompteur belohnte den Löwen für sein Kunststückchen.	☐	☐
5. Er wird immer wieder hereingelegt.	☐	☐
Gewissenlose Betrüger legen ihn immer wieder herein.	☐	☐

Übung 2
Entscheide bei jedem Satz, ob er im Aktiv oder im Passiv steht. Setz dein Kreuz in die richtige Spalte.

	Aktiv	Passiv
1. Dieses Pferd wurde noch nie geritten.	☐	☐
2. Der Sammler hatte ein neues Bild ersteigert.	☐	☐
3. Das Gebäude wurde sofort von der Feuerwehr evakuiert.	☐	☐
4. Beim Gericht wurde eine Klage eingereicht.	☐	☐
5. Die Malerin zeichnete ihn heimlich beim Gärtnern.	☐	☐
6. Diese Reportage wurde gleichzeitig auf zwei Sendern ausgestrahlt.	☐	☐
7. Er wurde oft als Vorbild bezeichnet.	☐	☐
8. Die Klage verhallte ungehört.	☐	☐
9. Ein neuer Tankwart wurde eingestellt.	☐	☐
10. Sie schaffen bald ein neues Auto an.	☐	☐

Singular und Plural (Einzahl und Mehrzahl)

> Nomen stehen entweder im Singular oder im Plural.
>
> | Singular | Plural |
> |---|---|
> | das Schiff | die Schiffe |
> | ein Schiff | Schiffe, viele Schiffe, einige Schiffe, mehrere Schiffe … |

Plural (Mehrzahl)

das **Kickboard** (zusammenklappbarer schmaler Tretroller); des Kickboards; die Kickboards
kicken (Fussball spielen); du kickst; er kickte; sie hat gekickt

Übung 1

(1) Entscheide, welche Pluralform die richtige ist, und unterstreiche sie. Achtung: Manchmal sind auch zwei Formen richtig.

(2) Schlag im Wörterbuch nach und korrigiere, wenn du eine falsche Form unterstrichen hast.

der Hund	die Hunde	die Hunden	die Hünde
das Genie	die Genier	die Geniee	die Genies
der Koffer	die Kofferen	die Koffer	die Köffer
das Zündholz	die Zündholze	die Zündhölze	die Zündhölzer
der Ski	die Skis	die Skier	die Skien
der Salat	die Saläte	die Saläter	die Salate
das Hemd	die Hemder	die Hemden	die Hemde
der Fuchs	die Füchse	die Fuchse	die Füchsen
das Herz	die Herze	die Herzer	die Herzen
der Kompass	die Kompasse	die Kompässer	die Kompassen
der Magen	die Magen	die Mäger	die Mägen
das Schaf	die Schafen	die Schafe	die Schäfe
das Kabel	die Kabel	die Käbel	die Kabels
der Rhythmus	die Rhythmusse	die Rhythmüsser	die Rhythmen
der Tunnel	die Tünnel	die Tunnels	die Tunnel
das Jubiläum	die Jubiläen	die Jubiläums	die Jubiläumer
der Ballon	die Ballons	die Ballone	die Ballöne

Fälle bestimmen mit der Ersatzprobe

Übung 1
Ersetz in den folgenden Sätzen die grau markierten Wortgruppen mit
der Mork, den Mork, dem Mork oder des Morks und schreib den
entsprechenden Fall dazu. Du kannst die Fälle abkürzen:
Nominativ = Nom., Akkusativ = Akk., Dativ = Dat., Genitiv = Gen.

Beispiel: Abends sammelte der Mann das übrige Birkenholz ein und zündete ein Feuer an.
Probe (Fall): Abends sammelte der Mork (Nom.) den übrigen Mork (Akk.) ein und zündete den Mork (Akk.) an.

1. Die nachtschwarze Stute warf den beherzten Reiter ab, als sie auf den Wald zuritten.

   Probe (Fall):
   _____ (_____) warf _____ (_____) ab,

   als sie auf _____ (_____) zuritten.

2. Ivana holte ihrem Freund ein neues Buch aus der Bibliothek, damit er auch eine sinnvolle Beschäftigung hatte.

   Probe (Fall):
   _____ (_____) holte _____ (_____)

   _____ (_____) aus _____ (_____), damit er

   auch _____ (_____) hatte.

3. Er sprang in den Weiher und spürte den Morast, vor dem ihn sein Freund schon gewarnt hatte.

   Probe (Fall):

   Er sprang in _____ (_____) und spürte _____

   (_____), vor dem ihn _____ (_____) schon gewarnt hatte.

4. Der Maler zeichnete gerade die Hügellandschaft, als plötzlich ein Vogel auf ihn zuflog und seine Staffelei umwarf.

   Probe (Fall):
   _____ (_____) zeichnete gerade _____

   (_____), als plötzlich _____ (_____) auf ihn zuflog und

   _____ (_____) umwarf.

5. Die Athletin warf den Speer sehr weit, trotzdem reichte der Wurf nicht für den Sieg.

   Probe (Fall):
   _____ (_____) warf _____ (_____) sehr weit,

   trotzdem reichte _____ (_____) nicht für _____ (_____).

Rechtschreib- und Grammatiktraining

GRAMMATIK

Satzgrammatik
Verbenfächer

Übung 1

① Arbeitet zu zweit. Füllt die leeren orangen Kästchen in der ersten Zeile des Verbenfächers zu «wartet» aus. Wählt dazu aus der Liste die Satzglieder so, dass sie zur Frage in den gelben Kästchen passen.

② Ergänzt in der zweiten Zeile die leeren gelben Kästchen mit Fragen so, dass sie zum Satzglied in der ersten Zeile passen.

③ Füllt die dritte Zeile so mit Satzgliedern, dass ein neuer Satz entsteht. Wählt die Satzglieder aus unten stehender Liste aus. Ergänzt passend zu den Satzgliedern die Frage.

④ Geht für die Zeilen 5 und 6 gleich vor wie in Auftrag 3 beschrieben.

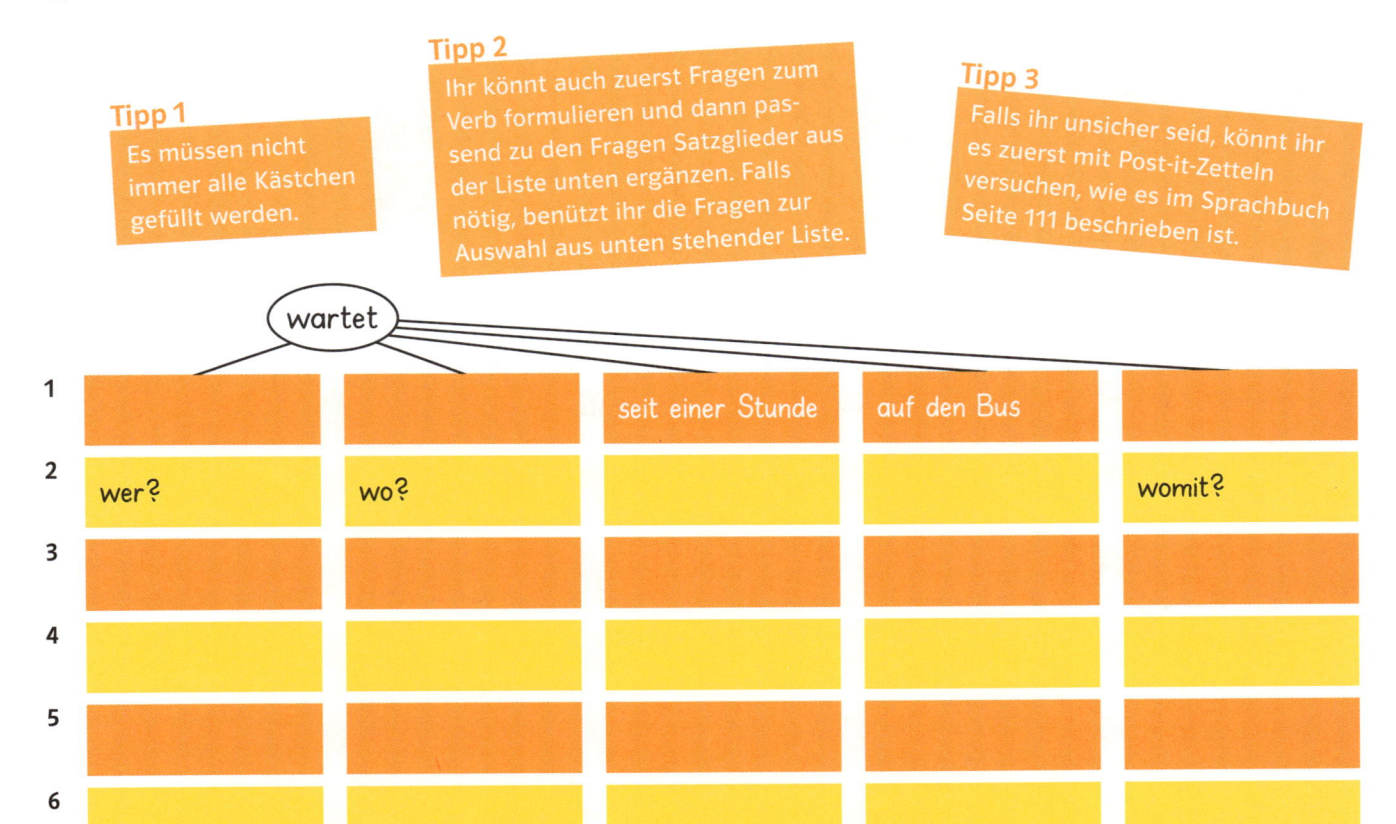

Tipp 1
Es müssen nicht immer alle Kästchen gefüllt werden.

Tipp 2
Ihr könnt auch zuerst Fragen zum Verb formulieren und dann passend zu den Fragen Satzglieder aus der Liste unten ergänzen. Falls nötig, benützt ihr die Fragen zur Auswahl aus unten stehender Liste.

Tipp 3
Falls ihr unsicher seid, könnt ihr es zuerst mit Post-it-Zetteln versuchen, wie es im Sprachbuch Seite 111 beschrieben ist.

(wartet)

1			seit einer Stunde	auf den Bus	
2	wer?	wo?			womit?
3					
4					
5					
6					

Auswahl an Satzgliedern
die Maus – auf den Tisch – am Bahnhof – ihr –
auf dem Dach – mit grosser Sehnsucht – seit einer Stunde –
auf die Pianistin – die Sänger – die Blume – auf den Knall –
mit dem Gepäck – das Volleyballteam – auf den Bus –
ungeduldig – gestern – mit dem Spatz – im Kühlschrank

Auswahl an Fragen
wer? – wen? – was? – wem? – wie lange? – wie oft? – wo? –
womit? – wann? – wie? – wofür? – wozu? – warum? – wohin?

Rechtschreib- und Grammatiktraining   GRAMMATIK

Übung 2
Geht gleich vor wie in Übung 1.

1	vor der Schule		ihr		
2		wer?		was?	
3					
4					
5					
6					

(Verb: gibt)

Auswahl an Satzgliedern
vor der Schule – Mario – ein Geschenk – sie – spontan – ihm – im Kino – er – ihr – zum Lesen – einen Blumenstrauss – ein Buch – einen Kuss – zum Spass – ein Konzert – die Schwester – auf die Wange – ihrer Freundin – als Dankeschön – heute – mehrmals – die Rockband – in der Altstadt – am Abend – für einen guten Zweck

Auswahl an Fragen
wer? – wen? – was? – wem? – wie lange? – wie oft? – wo? – wann? – wie? – wofür? – wozu? – warum? – wohin?

Übung 3
Geht gleich vor wie in Übung 1.

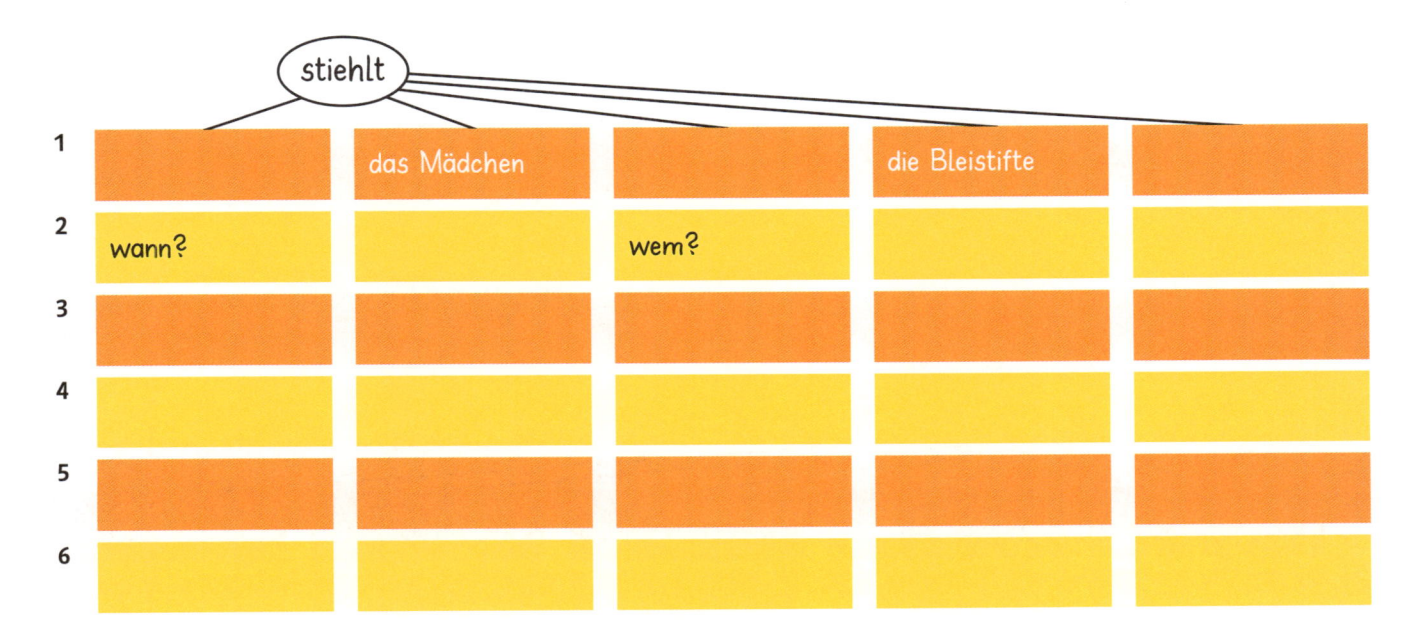

1		das Mädchen		die Bleistifte	
2	wann?		wem?		
3					
4					
5					
6					

(Verb: stiehlt)

Auswahl an Satzgliedern
am helllichten Tag – der kleine Junge – sie – die roten Äpfel – dreist – aus der Villa – den Radiergummi – ihm – der Einbrecher – ihr – wertvollen Schmuck – Markus – seinem Banknachbarn – vom Früchtestand – immer wieder – während der Schule – die Bleistifte – das Schulbuch – er – einen Kuss – verstohlen – ihr – das Mädchen – dem Nachbarsjungen – heimlich – in der Dämmerung – aus dem Etui – in der Schule

Auswahl an Fragen
wer? – wen? – was? – wem? – wie lange? – wie oft? – wo? – wann? – wie? – wofür? – wozu? – warum? – wohin?

Rechtschreib- und Grammatiktraining

GRAMMATIK

Übung 4
Geht gleich vor wie in Übung 1.

1		die alte Dame			auf den Kopf
2	wie?		wem?	womit?	
3					
4					
5					
6					

Verb: **schlug**

Auswahl an Satzgliedern
der Nachbar – der freche Bengel – Ivana – der Tennisspieler – ihm – mit dem Schirm – der Boxer – heftig – die Polizistin – beim Spielen – den Ball – vor Freude – auf die Nase – den Dieb – die alte Dame – in die Wand – einen Nagel – stinkfrech – seinem Onkel – seinen Gegner – aus Versehen – mit der Tasche – mit der Gurke – dreimal – auf den Kopf – mit dem Knüppel – dem Einbrecher – mit voller Kraft – ins Netz – auf die Rübe

Auswahl an Fragen
wer? – wen? – was? – wem? – wie lange? – wie oft? – wo? – womit? – wann? – wie? – wofür? – wozu? – warum? – wohin?

Rechtschreib- und Grammatiktraining

GRAMMATIK

Übung 5

Arbeitet zu zweit. Füllt den Verbenfächer zu «bringt» aus. Denkt euch selbst Satzglieder aus und ergänzt passend zu den Satzgliedern die Frage. Bildet so drei verschiedene Sätze.

Tipp 1
Es müssen nicht immer alle Kästchen gefüllt werden.

Tipp 2
Ihr könnt auch zuerst Fragen zum Verb formulieren und dann passend zu den Fragen Satzglieder ergänzen. Falls nötig, benützt ihr die Fragen zur Auswahl aus unten stehender Liste.

Tipp 3
Falls ihr unsicher seid, könnt ihr es zuerst mit Post-it-Zetteln versuchen, wie es im Sprachbuch Seite 111 beschrieben ist.

bringt

Auswahl an Fragen
wer? – wen? – was? – wem? – wie lange? – wie oft? – wo? – wann? – wie? – wofür? – wozu? – warum? – wohin?

Rechtschreib- und Grammatiktraining

GRAMMATIK

Verschiebeprobe

Übung 6
Um Satzglieder in einem Satz festlegen zu können, wendet man am besten die Verschiebeprobe an. Dazu verschiebt man ein Satzglied vor das Verb.

Beispiel: Die Band gibt heute ein Konzert in der Altstadt.

Tipp
Schau dazu das Vorgehen bei der Verschiebeprobe im Sprachbuch Seite 112 bis 113 an.

In der Altstadt	gibt	die Band	heute	ein Konzert.	
Ein Konzert	gibt	die Band	heute		in der Altstadt.
Heute	gibt	die Band		ein Konzert	in der Altstadt.
	Gibt	die Band	heute	ein Konzert	in der Altstadt?

① Wende die Verschiebeprobe an und vervollständige die folgenden Sätze.

Die Schwester gibt ihm ein Buch zum Lesen.

Zum Lesen   gibt   _____   _____   ein Buch.

_____   gibt   die Schwester   _____   _____

_____   gibt   _____   _____   _____

Gibt   _____   _____   _____   _____

Er gibt ihr einen Blumenstrauss zum Geburtstag.

_____   gibt   _____   _____   einen Blumenstrauss.

_____   gibt   _____   _____   _____

_____   gibt   _____   _____   _____

Gibt   _____   _____   _____   _____

Mario gab ihr vor der Schule einen Kuss auf die Wange.

_____   gab   _____   _____   _____   _____

_____   gab   _____   _____   _____   _____

_____   gab   _____   _____   _____   _____

_____   gab   _____   _____   _____   _____

Gab   _____   _____   _____   _____   _____

Rechtschreib- und Grammatiktraining GRAMMATIK

Die alte Dame schlug den Dieb mit der Tasche.

_____ schlug _____ _____

_____ schlug _____ _____

_____ Schlug _____ _____

Der Boxer schlägt seinen Gegner auf die Nase.

_____ schlägt _____ _____

_____ schlägt _____ _____

_____ Schlägt _____ _____

Er schlug den Ball mit voller Kraft ins Netz.

_____ schlug _____ _____ _____

_____ schlug _____ _____ _____

_____ schlug _____ _____ _____

_____ Schlug _____ _____ _____

Der Bengel schlägt seinem Onkel mit der Gurke auf die Rübe.

_____ schlägt _____ _____ _____

_____ schlägt _____ _____ _____

_____ schlägt _____ _____ _____

_____ Schlägt _____ _____ _____

Er schlug ihm aus Versehen auf den Kopf.

_____ schlug _____ _____ _____

_____ schlug _____ _____ _____

_____ schlug _____ _____ _____

_____ Schlug _____ _____ _____

Rechtschreib- und Grammatiktraining

Übung 7 [E]

Bestimme in den folgenden Sätzen die Satzglieder.
Nimm zum Lösen dieser Aufgabe das Sprachbuch
Seite 112 bis 113 und Arbeitsblatt 98 zu Hilfe.
- Mach die Verschiebeprobe.
- Unterstreiche in jedem Satzglied den Kern.
- Bestimme die Wortart des Kerns.
- Benenne das Satzglied.

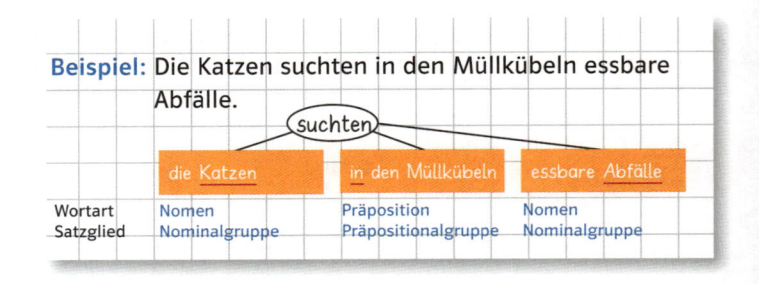

Beispiel: Die Katzen suchten in den Müllkübeln essbare Abfälle.

	suchten		
	die Katzen	in den Müllkübeln	essbare Abfälle
Wortart	Nomen	Präposition	Nomen
Satzglied	Nominalgruppe	Präpositionalgruppe	Nominalgruppe

1. Die Kinder fanden im Wald ein verbeultes Dreirad.

2. Der Tiger schleicht lautlos durchs Gehölz.

3. Sie wohnt seit drei Jahren in diesem Dorf.

4. Der Torhüter fing den Ball in letzter Sekunde mit der linken Hand.

5. In diesem alten Schloss wohnt ein freundliches Gespenst.

6. Diese Mannschaft wird das Turnier sicher gewinnen.

7. Auf diesem Misthaufen wachsen bald die schönsten Blumen.

8. Die Geschwister verbrachten die Sommerferien auf dem Land.

9. Du fährst mit deinem uralten Auto über diese steile Passstrasse?

Übung 8 [E]

Geh gleich vor wie in Übung 7.

1. Die Ärztin gab ihm vorsichtig eine Spritze.

2. Die Nachbarn fahren in den Süden.

3. Diese Frechheit machte ihn sprachlos.

4. Beim Tanzen verlor seine Partnerin einen Absatz.

5. Maler brauchen künstlerisches Talent.

6. Die ausgestellten Bilder gefielen den Besuchern.

7. Alle wollten wegen der Hitze eine Glace.

8. Die Tante hat ihn beim Pingpong-Spielen geschlagen.

9. Der kleine Junge zerstörte die ganze Modelleisenbahn mit einem Tritt.

Deutsch als Zweitsprache

Nomen

Übung 1: «der», «die» oder «das»? – Welcher Artikel gehört zum Nomen?

BUTTER	ECKE	EISBÄR	FAHNE	GEWICHT	LUFT	MÄDCHEN	FREIHEIT
BABY	KRAFT	KULTUR	GLÜCK	BLEISTIFT	TELEFON	JACKE	KÖRPER
BEERE	PUBLIKUM	KLAVIER	KARTE	SCHWEIZ	ZENTRUM	ATLAS	LEBEN
ENERGIE	SPASS	WUT	HONIG	FREUDE	MOND	GRAMMATIK	HOTEL

(1) Bestimme, welcher Artikel zum Nomen gehört. Trag die Nomen mit dem Artikel in die Tabelle ein. Schlag im Wörterbuch nach, wenn du unsicher bist.

maskulin (der)	feminin (die)	neutrum (das)

(2) Wörter, bei denen du nicht sicher bist, sind Lernwörter. Unterstreiche diese Wörter. Schlag die Wörter, wenn nötig, im Wörterbuch nach. Schreib sie auf eine Lernwortkarte oder Lernwortliste. Schreib zum Wort einen Satz.

Rechtschreib- und Grammatiktraining
Deutsch als Zweitsprache

GRAMMATIK

Übung 2: Wörterbäume

① Arbeitet zu zweit.

② Schaut den Wörterbaum an.

③ Zeichnet auf ein separates Blatt möglichst hohe Wörterbäume.
Wählt für den Stamm eines dieser Nomen: Haus, Spiel, Reise, Buch, Schnee.

④ Welchen Artikel haben eure Nomen? Ordnet eure Wörter aus den Wörter-bäumen in die Tabelle ein. Schlagt im Wörterbuch nach, wenn ihr unsicher seid.

⑤ Untersucht eure Wörter: Woran liegt es, dass sich der Artikel ändert? Besprecht eure Vermutungen mit einer anderen Gruppe.

maskulin (der)	feminin (die)	neutrum (das)
der Baum	die Baumschule	das Baumhaus
der Laubbaum	die Baumhütte	
der Baumstrunk		
der Nadelbaum		

⑥ Tauscht eure Wörterbäume aus: Enthalten sie Wörter, die ihr nicht kennt? Was könnten sie bedeuten? Schlagt, wenn nötig, im Wörterbuch nach. Schreibt sie auf eine Lernwortkarte oder Lernwortliste. Schreibt zum Wort einen Satz.

Rechtschreib- und Grammatiktraining
Deutsch als Zweitsprache

GRAMMATIK

Übung 3: Nomenmorpheme

Es gibt Nachmorpheme, an denen man sofort erkennt, dass ein Wort ein Nomen ist. Du siehst sie in der Abbildung. Arbeitet zu zweit.

Nachmorpheme: -heit, -keit, -nis, -ling, -ung, -schaft, -erei

① Nomen sammeln: Bildet mit jedem Nachmorphem drei Nomen. Verwendet dazu die folgenden Stamm-Morpheme:

SICHER, GEHEIM, SAUBER, LAND, FREUND, LEHR, WILD, LIEB, NEU, FINSTER, MAL, PRÜF, SCHWACH, FAUL, GEMEIN, WIRT, HEISER, BILD, EITEL

-heit: Sicherheit, _____

-keit: Sauberkeit, _____

-nis: _____

-ling: _____

-schaft: _____

-ung: _____

-erei: _____

② Nomen ordnen: Überlegt für jedes Nomen aus Auftrag 1, welches grammatische Geschlecht es hat. Schreibt es mit dem Artikel in die richtige Spalte.

maskulin (der)	feminin (die)	neutrum (das)
	die Sicherheit, die Sauberkeit,	

③ Nomen erforschen: Schaut die Tabelle in Auftrag 2 an. Schreibt auf, was euch dabei auffällt.

Rechtschreib- und Grammatiktraining
Deutsch als Zweitsprache

GRAMMATIK

Übung 4: Singular und Plural (Einzahl und Mehrzahl)

> **Nomen stehen entweder im Singular oder im Plural.**
> Singular   Plural
> das Schiff   die Schiffe
> ein Schiff   Schiffe, viele Schiffe, einige Schiffe, mehrere Schiffe …

Plural (Mehrzahl)

das **Kickboard** (zusammenklappbarer schmaler Tretroller); des Kickboards; die Kickboards
kicken (Fussball spielen); du kickst; er kickte; sie hat gekickt

1. Entscheide, welche Pluralform die richtige ist, und unterstreiche sie.

2. Schlag im Wörterbuch nach, wenn du unsicher bist, welche Form richtig ist.

das Bett	die Betten	die Bette	die Better
der Arm	die Ärmer	die Ärme	die Arme
der Computer	die Computer	die Computers	die Compüter
das Risiko	die Risikos	die Risiken	die Risikens
der Geschmack	die Geschmacke	die Geschmäcker	die Geschmacks
die Faust	die Fauste	die Fäuste	die Fäuster
das Stück	die Stücke	die Stücken	die Stücker
der Teppich	die Teppiche	die Teppichen	die Teppichs
die Mutter	die Mütteren	die Muttern	die Mütter
der Kuchen	die Küchen	die Kuchen	die Kuchenen
der Reichtum	die Reichtümer	die Reichtume	die Reichtums
die Feder	die Federen	die Federn	die Federer
das Holz	die Holze	die Hölze	die Hölzer
der Käfig	die Käfigs	die Käfige	die Käfigen
das Heft	die Hefte	die Hefter	die Heften
der Bub	die Bubs	die Buben	die Büber
der Beruf	die Berüfe	die Berufe	die Berufen

3. Korrigiere deine Lösung mit dem Lösungsblatt.

4. Pluralformen, bei denen du nicht sicher bist, sind Lernwörter. Schreib sie auf eine Lernwortkarte. Schreib einen Satz zum Wort.

Übung 5
Geh gleich vor wie in Übung 4.

der Muskel	die Musklen	die Müskel	die Muskeln
der Apparat	die Apparaten	die Apparate	die Apparäte
das Idol	die Idols	die Idole	die Idolen
der Schlag	die Schläge	die Schlägen	die Schlage
das Sofa	die Sofas	die Sofen	die Sofae
der Pilot	die Pilöte	die Pilote	die Piloten
die Tochter	die Töchteren	die Tochtern	die Töchter
der Daumen	die Däumen	die Daumen	die Däumer
die Woche	die Wochen	die Wochenen	die Wöchen
der Mund	die Münder	die Munde	die Munds
das Fenster	die Fensteren	die Fenstern	die Fenster
die Stunde	die Stunden	die Stünde	die Stünden
das Brot	die Bröter	die Brote	die Broten
der Supermarkt	die Supermarkte	die Supermärkte	die Supermarkts
das Schloss	die Schlösser	die Schlosse	die Schlösse
der Punkt	die Punkten	die Pünkte	die Punkte
der Monat	die Monate	die Monaten	die Monäte

Rechtschreib- und Grammatiktraining
Deutsch als Zweitsprache

GRAMMATIK

Verb
Personalformen bilden (konjugieren)

Übung 1: Regelmässige Verben
Ergänze die Konjugationstabelle zum Verb «telefonieren».
Bilde zu jeder Zeitform zwei Sätze, die mit
ich – du – er / sie / es – wir – ihr – sie beginnen.

	Stamm	Nach-morphem	Präsens von telefonieren
ich	lach	-e	
du	lach	-st	
er / sie / es	lach	-t	telefoniert
wir	lach	-en	
ihr	lach	-t	
sie	lach	-en	

	Stamm	Nach-morphem	Präteritum von telefonieren
ich	lach	-te	
du	lach	-test	telefoniertest
er / sie / es	lach	-te	
wir	lach	-ten	
ihr	lach	-tet	
sie	lach	-ten	

Beispielsätze Präsens und Präteritum

1. _____
2. _____
1. _____
2. _____

	Hilfsverb sein oder haben im Präsens	Partizip Perfekt: ge + Stamm + t	Perfekt von telefonieren
ich	habe		
du			
er / sie / es		ge - lach - t	hat telefoniert
wir	haben		
ihr	habt		
sie			

Beispielsätze Perfekt

1. _____
2. _____

Rechtschreib- und Grammatiktraining
Deutsch als Zweitsprache

GRAMMATIK

Übung 2: Unregelmässige Verben

Bei den unregelmässigen Verben ändert sich der Wortstamm, z. B. finden – fand – gefunden.

Ergänze die Konjugationstabelle zum Verb «singen». Bilde zu jeder Zeitform zwei Sätze, die mit **ich – du – er / sie / es – wir – ihr – sie** beginnen.

Tipp
Die unregelmässigen Verben kannst du auf der Verbenliste im Arbeitsheft Seite 154 bis 156 nachschauen.

	Präsens von singen
ich	
du	
er / sie / es	
wir	
ihr	
sie	

	Präteritum von singen
ich	
du	
er / sie / es	
wir	
ihr	
sie	

Beispielsätze Präsens und Präteritum

1. _____
2. _____
1. _____
2. _____

	Perfekt von singen
ich	
du	
er / sie / es	
wir	
ihr	
sie	

Beispielsätze Perfekt

1. _____
2. _____

Rechtschreib- und Grammatiktraining
Deutsch als Zweitsprache

GRAMMATIK

Übung 3: Unregelmässige Verben

Erstelle nach dem Muster aus den Übungen 1 und 2 selbst Konjugationstabellen auf einem eigenen Blatt. Wähle drei Verben aus der Liste der regelmässigen Verben und drei Verben aus der Liste der unregelmässigen Verben aus. Bilde pro Zeitform jeweils zwei Sätze.
Mache dasselbe auch mit den drei Hilfsverben.

> **Tipp**
> Die unregelmässigen Verben kannst du auf der Verbenliste im Arbeitsheft Seite 154 bis 156 nachschauen.

Regelmässige Verben

RETTEN   WARNEN   SCHRAUBEN   SCHIMPFEN   LÖSCHEN   REIZEN   KÄMPFEN
DRÜCKEN   SCHWITZEN   PFLÜCKEN   MAILEN   PUTZEN   ZAHLEN   SHOPPEN
BRAUCHEN   DREHEN   BLÖDELN   ÄRGERN   SPAZIEREN   REPARIEREN   ÄNDERN
ATMEN   HANDELN   KLEBEN   STÜTZEN   RUDERN   BLICKEN
BLITZEN   DREHEN

Unregelmässige Verben

BIEGEN   FANGEN   SCHLAFEN   FRIEREN   SEHEN   EMPFANGEN   STEHLEN
SCHWIMMEN   BEFEHLEN   HELFEN   NEHMEN   BERATEN   LESEN
SPRECHEN   FALLEN   PFEIFEN   LÜGEN   VERSCHIEBEN   WASCHEN   HEISSEN
TREFFEN   REISSEN   KLINGEN   STOSSEN   STREITEN   TRAGEN   WERFEN
SCHLIESSEN   SCHLAGEN

Hilfsverben

SEIN   HABEN   WERDEN

Rechtschreib- und Grammatiktraining
Deutsch als Zweitsprache

GRAMMATIK

Konjugationsformen einsetzen

Übung 4: Regelmässige Verben
Schreib die richtige Personalform der Verben in der angegebenen Zeitform in die Lücke.

Tipp
Wie man die Zeitformen bildet, kannst du im Sprachbuch Seite 116 nachschlagen.

Präsens
lieben – schauen – kaufen – betteln – teilen

1. Ich _____ es, mit Freunden ins Kino zu gehen.

2. Wir _____ am liebsten spannende Filme.

3. In der Pause _____ Mario jeweils eine grosse Tüte Popcorn.

4. Ihr _____ ihn immer um eine Handvoll Popcorn an.

5. Doch Mario _____ seine Knabbereien nie.

Präteritum
wohnen – spielen – bellen – schätzen – bevorzugen

1. Wir _____ früher auf dem Land.

2. Ich _____ oft mit dem Hund der Nachbarsfamilie.

3. Der kleine Welpe _____ ständig vor Freude.

4. Meine Eltern _____ die Zeit auf dem Land sehr.

5. Ich _____ das Landleben stets.

Perfekt
buchen – sparen – arbeiten – kaufen – packen

1. Ich _____ heute endlich unsere Ferien _____.

2. Wir _____ für diese Ferien viel _____.

3. _____ ihr dafür ein ganzes Jahr _____?

4. Brigitte _____ schon einen Schnorchel _____.

5. Was? Du _____ deine Koffer schon _____!

Übung 5: Unregelmässige Verben
Schreib die richtige Personalform der Verben in der angegebenen Zeitform in die Lücke.

> **Tipp**
> Die unregelmässigen Verben kannst du auf der Verbenliste im Arbeitsheft Seite 154 bis 156 nachschauen.

Präsens
sprechen – sehen – geben – lesen – vergessen

1. Er _____ nie mehr mit ihr.

2. Du _____ ihn nie wieder.

3. Sie _____ ihm nie wieder einen guten Ratschlag.

4. Sie _____ seine SMS auch nicht mehr.

5. Du _____ unseren Streit wohl nie.

Präteritum
reissen – rennen – fliegen – fangen – nehmen – sein

1. Der Wind _____ mir den Schirm aus der Hand.

2. Wir _____ , um den Schirm zu erwischen.

3. An diesem Tag _____ viele Schirme durch die Luft.

4. Ein paar Passanten _____ mehrere Schirme.

5. Ich _____ einen der Schirme, aber es _____ nicht meiner.

Perfekt
wissen – finden – schreiben – nehmen – abschneiden

1. Viele Schüler _____ an der Prüfung die richtige Antwort _____ .

2. Bei jeder Aufgabe _____ sie schnell die richtige Lösung _____ .

3. Mein Banknachbar _____ besonders schnell und viel _____ .

4. Ich _____ die Prüfung auf die leichte Schulter _____ .

5. Darum _____ ich nicht gut _____ .

Rechtschreib- und Grammatiktraining
Deutsch als Zweitsprache

GRAMMATIK

Mit Signalwörtern Fälle richtig setzen

Übung 1: Akkusativ oder Dativ?

Löse die Übung mithilfe des Arbeitsblattes 7 «Partikeln als Signalwörter für den Fall» und mithilfe der Partikelliste. Gib den Fall und, wenn nötig, auch die Frageprobe an. Setze den Artikel im richtigen Fall und Geschlecht (Genus) in die Lücke ein.

Nomen im Maskulin Singular: den (Akkusativ) oder dem (Dativ)?

	Fall	Frage
1. Hinter _dem_ Berg liegen viele weitere Berge.	Dativ	Wo?
2. Auf _____ Balkon sitzt ein kleiner, frecher Spatz.		
3. Sie stellte ihr Auto neben _____ Sportwagen.		
4. Für _____ Dackel ist uns nichts zu teuer.		
5. Neben _____ Bruder sieht er klein aus.		
6. Nach _____ Streik herrschte ein riesiges Chaos.		

Nomen im Feminin Singular: die (Akkusativ) oder der (Dativ)?

	Fall	Frage
1. Neben _____ Katze lag ein Hund.		
2. Die Köche flohen aus _____ Küche.		
3. Das rote Auto raste auf _____ Kreuzung zu.		
4. Paulito sass hinter _____ neuen Schülerin.		
5. Ich sah viele Leute vor _____ Kirche stehen.		
6. Gegen _____ Grippe gibt es kein Medikament.		

Nomen im Neutrum Singular: das (Akkusativ) oder dem (Dativ)?

	Fall	Frage
1. Sie verreisen gerne mit _____ Auto.		
2. Das Mädchen versteckte die Schokolade unter _____ Kissen.		
3. Ohne _____ Zeugnis brauchst du dich gar nicht zu bewerben.		
4. Schnell schob Monia das Briefchen unter _____ Bett.		
5. Die Jungen verzogen sich hinter _____ Zelt.		
6. Die Apotheke befindet sich gerade neben _____ Kino.		

Rechtschreib- und Grammatiktraining
Deutsch als Zweitsprache

GRAMMATIK

Nomen im Plural: die (Akkusativ) oder den (Dativ)? | Fall | Frage

1. Die vermisste Rechnung lag unter _____ Briefen.
2. Über _____ Wolken muss die Freiheit wohl grenzenlos sein.
3. Aus Angst flüchteten sie in _____ Höhlen.
4. Gegen _____ Piraten war selbst Elizabeth machtlos.
5. Das Papierflugzeug landete zwischen _____ Stühlen.
6. Warum reist du mit _____ Skiern in die Sommerferien?

Nomen gemischt | Fall | Frage

1. Sie machte ein Riesentheater um _____ Schulsporttag.
2. Der Kellner stellte die Flaschen auf _____ Tisch.
3. Auf _____ Boot waren schon zu viele Passagiere.
4. Ohne _____ Polizeihund hätten sie den Einbrecher nie gefasst.
5. Schneewittchen fühlte sich hinter _____ sieben Bergen nie wohl.
6. In _____ Waschküche war wieder einmal eine Überschwemmung.
7. Sie wünschte sich eine Pizza für _____ Geburtstagsessen.
8. Ausser _____ Eltern wusste niemand Bescheid.
9. Seit _____ Ferien können sich die Schüler nicht mehr konzentrieren.
10. Sie stellte den Kuchen in _____ Kühlschrank.

Rechtschreib- und Grammatiktraining
Deutsch als Zweitsprache

GRAMMATIK

Übung 2: Akkusativ oder Dativ?

Löse die Übung mithilfe des Arbeitsblattes 8 «Verben als Signalwörter für den Fall» und der Verbenliste. Setz den Artikel im richtigen Fall und Geschlecht (Genus) in die Lücke. Gib den Fall an.

Nomen im Maskulin Singular: den (Akkusativ) oder dem (Dativ)? — Fall

1. Die Schüler schreiben _____ Aufsatz.
2. Sie gleicht _____ Vater sehr.
3. Die Grosseltern bringen _____ Enkel ständig Süssigkeiten.
4. Er grüsst _____ Zahnarzt freundlich.
5. Die Eltern erlauben _____ Sohn, länger aufzubleiben.

Nomen im Feminin Singular: die (Akkusativ) oder der (Dativ)? — Fall

1. Ihr kennt _____ Geschichte von Wilhelm Tell nicht?
2. Ich finde _____ Lösung bestimmt.
3. Sie folgten _____ Verkäuferin zur Umkleidekabine.
4. Wir gratulieren _____ Oma zum Geburtstag.
5. Ihr müsst _____ Richtung ändern, hier seid ihr falsch.

Nomen im Neutrum Singular: das (Akkusativ) oder dem (Dativ)? — Fall

1. Sie vertrauen _____ Schicksal.
2. Der Junge stiess _____ Mädchen hinterrücks ins Wasser.
3. Wir folgen _____ Auto der Verdächtigen.
4. Irina besitzt _____ Mofa schon seit einem Jahr.
5. Wir besuchen _____ Wasserschloss.

Nomen im Plural: die (Akkusativ) oder den (Dativ)? | Fall

1. Wir danken _____ Helfern von ganzem Herzen.
2. Wir brauchen _____ Pferde für unseren Ausritt.
3. Sie glaubten _____ Worten des Hochstaplers nicht.
4. Wir lernen _____ Französischwörter heute Nachmittag.
5. Ich kenne _____ Streithähne schon seit vielen Jahren.

Nomen gemischt | Fall

1. Sie gaben _____ Pflanze nicht genug Wasser.
2. Die Klasse behandelte _____ Mitschülerin plötzlich wie Luft.
3. Sie verboten _____ Hund das Bellen.
4. Ich zog _____ Schlitten bis auf den Gipfel.
5. Sie füllten _____ Flaschen am Brunnen.
6. Die Theateraufführung gefiel _____ Kindern sehr.
7. Passanten hielten _____ Taschendieb fest.
8. Sie bedrohten _____ Mann mit einem Messer.
9. Er schickte _____ Freunden selten eine Postkarte.
10. Diese Rollschuhe gehören _____ Lehrer.